AID 역량 강화를위한

# 생성형 AI 활용 콘텐츠 제작 가이드

동화책 기획•출판, 음악 창작까지!!
생성형 AI 활용 완벽 실전 가이드

# 머리말

디지털 전환(DX)의 물결이 전 세계를 휩쓸면서, 인공지능(AI) 기술은 이제 우리 일상과 교육, 창작의 영역에 깊숙이 들어왔습니다. 특히 생성형 AI의 발전은 단순한 기술적 진보를 넘어 우리가 창작하고, 배우고, 소통하는 방식의 근본적인 변화를 가져오고 있습니다. 이러한 변화 속에서 AI와 디지털 기술이 통합적으로 작동하는 AID(Artificial Intelligence and Digital Transformation) 시대가 도래했습니다.

본 도서 "AID 역량 강화를 위한 생성형 AI 콘텐츠 제작"은 이러한 변화의 물결 속에서 생성형 AI 기술을 활용하여 창의적인 콘텐츠를 제작하는 방법을 안내하는 실전 가이드입니다. 동화책 기획부터 출판, 음악 창작까지 아우르는 종합적인 접근을 통해, 독자들이 AI를 단순한 도구가 아닌 창의적 협업의 파트너로 활용할 수 있도록 돕고자 합니다.

이 책은 기술적 지식뿐만 아니라 AID 시대에 필요한 핵심 학습 역량—디지털 리터러시, 비판적 사고, 창의성, 적응력, 윤리적 판단력—을 함께 키울 수 있도록 구성되었습니다. 텍스트 생성, 이미지 제작, 음악 창작, 그리고 최종 출판까지 전 과정을 실습 중심으로 다루며, 각 단계에서 만날 수 있는 실제 문제와 해결 방법을 상세히 제시합니다.

특히 이 책은 AI 기술을 그저 '사용'하는 것에서 한 걸음 나아가, AI가 제공하는 결과물을 비판적으로 검토하고 창의적으로 보완하는 과정을 중요하게 다룹니다. AI는 초안을 빠르게 만들어주지만, 그것을 감동적이고 의미 있는 작품으로 완성하는 것은 여전히 인간의 창의성과 감성, 윤리적 판단에 달려 있기 때문입니다.

저는 이 책이 독자들에게 단순한 기술 매뉴얼이 아닌, AID 시대를 주도적으로 살아가는 데 필요한 통합적 역량을 키우는 안내서가 되기를 바랍니다. 생성형 AI와 함께하는 창작의 여정이 여러분에게 새로운 가능성과 영감을 선사하길 희망합니다.

AI 시대는 이제 시작입니다. 준비된 자만이 이 변화의 물결을 주도할 수 있습니다. 본 도서가 여러분의 AID 역량 강화를 위한 길잡이가 되어, 새로운 시대의 창의적인 콘텐츠 제작자로 성장하는 데 도움이 되길 진심으로 바랍니다.

2025년 3월

김준호·김영희 드림

# Contents

## 1부

## 생성형 AI와 AID 시대의 이해

### 1장 AID 시대와 학습 역량의 중요성



### 2장 생성형 AI의 개념과 창작 윤리



## 2부

## AI를 활용한 텍스트와 스토리텔링

### 3장 AI 도구 기초와 텍스트 생성



### 4장 동화책 스토리 설계와 작성

## 3부

# 시각 콘텐츠 제작

### 5장 AI로 이미지 생성 및 편집



### 6장 동화책의 시각적 완성



## 4부

# AI를 활용한 음악과 동요 제작

### 7장 생성형 AI를 이용한 음악 제작 기초

## 8장 동요 제작과 융합 콘텐츠



# 5부

# 출판과 AI 콘텐츠 저작권

## 9장 POD(Print On Demand) 출판 과정



## 10장 AI 콘텐츠 저작권

# 1부

# 생성형 AI와
# AID 시대의 이해

1장

# AID 시대와 학습 역량의 중요성

# 1.1 AID 시대와 학습 역량의 중요성



디지털 전환(DX)이 전 세계적으로 확산되면서, AI 전환(AX)은 교육과 학습 환경을 근본적으로 변화시키고 있습니다. AID(Artificial Intelligence and Digital Transformation) 시대는 디지털 기술과 인공지능이 통합적으로 작동하여 교육의 개인화, 효율성, 그리고 창의적 사고를 촉진하는 새로운 패러다임을 제공합니다. 우리는 이러한 변화를 AID(Artificial Intelligence and Digital Transformation) 시대라고 정의할 수 있습니다. AI 기술의 빠른 발전과 함께 이를 이해하고 활용하는 능력은 이제 생존과 성공의 필수 조건이 되었습니다. 단순히 AI 기술을 사용하는 것을 넘어, 이를 분석하고 비판적으로 사고하며 창의적으로 적용하는 역량이 필요합니다. 이는 현대 사회의 복잡한 문제를 해결하고 지속적인 성장을 이루기 위한 필수 요소입니다.

# 1.2 AID 시대와 교육의 변화

1장 AID 시대와 학습 역량의 중요성

AID 시대는 단순한 기술적 변화를 넘어 교육의 패러다임 자체를 변화시키고 있습니다. AI 기술은 학습 데이터를 분석해 맞춤형 학습 경험을 제공하고, 교육자를 보조하며, 새로운 학습 도구와 방법론을 제시합니다. 특히, 2025년은 AI 기술 전환의 성과가 본격적으로 나타날 중요한 시기로, 준비되지 않은 개인과 조직은 경쟁에서 도태될 가능성이 큽니다. 교육기관과 학습자는 AI 기술을 기반으로 문제를 해결하고 혁신을 이끌어내는 역량을 갖추어야 합니다. 이는 학생들에게 융합적 사고와 창의성을 배양하는 기반이 됩니다.

학습자는 기존의 수동적 학습 방식을 넘어서 적극적으로 지식을 탐구하고, 실제 문제를 해결하는 역량을 길러야 합니다. 예를 들어, 학생들은 AI를 활용하여 지역 사회 문제를 분석하고 이를 해결하기 위한 프로젝트를 설계하거나, AI 도구를 이용해 창의적인 콘텐츠를 제작하여 실질적인 학습 결과를 도출할 수 있습니다. 학교와 기업은 AI를 활용한 교육과정을 도입해 학습의 개인화와 효율성을 높이며, 학습자가 주도적으로 자신의 교육을 설계할 수 있도록 지원해야 합니다.

# 1.3 AID 시대를 이끄는 5가지 핵심 학습 역량

1장 AID 시대와 학습 역량의 중요성

①. **디지털 리터러시(AID 리터러시):** AI 도구와 플랫폼을 능숙하게 다루고, 데이터 처리 및 보안 문제를 이해하는 능력입니다. 이는 단순한 기술 사용을 넘어, AI 기술의 원리를 이해하고 이를 분석적으로 활용하는 역량을 포함합니다.

②. **비판적 사고:** AI가 제공하는 정보의 신뢰성과 한계를 평가하며, 이를 통해 최적의 해결책을 도출하는 능력입니다. 정보의 폭발적 증가 속에서 진위를 판단하고 분석하는 능력은 필수적입니다.

③. **창의성 AI:** 데이터를 바탕으로 새로운 아이디어를 생성하고 독창적인 문제 해결책을 개발하는 능력입니다. 이는 학습자가 AI의 도움을 받아 기존의 틀을 넘는 혁신적 사고를 하는 데 기여합니다.

④. **적응력:** 빠르게 변화하는 AI 기술과 환경에 유연하게 대처하고 새로운 기술을 배우는 능력입니다. 적응력은 변화 속에서도 회복 탄력성을 유지하며 미래의 불확실성에 대비할 수 있게 합니다.

⑤. **윤리적 판단력:** AI 사용에 따른 윤리적 문제를 고려하고 책임감 있게 기술을 활용하는 능력입니다. 저작권, 지적 재산권, 데이터 프라이버시 등의 이슈는 기술 활용의 윤리적 측면에서 반드시 고려되어야 합니다.

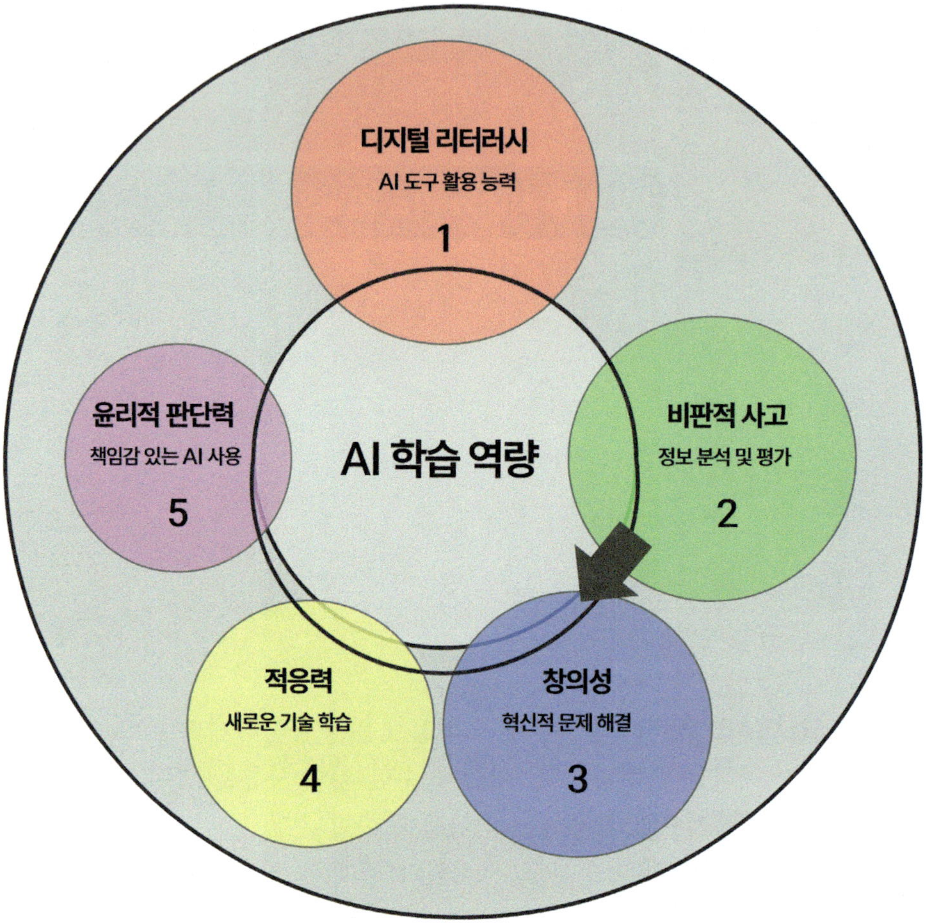
디지털 리터러시
AI 도구 활용 능력
1
비판적 사고
정보 분석 및 평가
2
창의성
혁신적 문제 해결
3
적응력
새로운 기술 학습
4
윤리적 판단력
책임감 있는 AI 사용
5
AI 학습 역량

# 1.4 AID 시대 학습 역량의 통합

1장 AID 시대와 학습 역량의 중요성

본 교재는 생성형 AI를 활용하여 콘텐츠를 창작하고, 이를 기반으로 학습 역량을 강화하는 실질적인 방법을 제공합니다. 예를 들어, 학습자는 미드저니와 같은 AI 도구를 활용하여 동화책 삽화를 제작하거나, ChatGPT를 사용해 스토리 플롯을 작성하며 창의적인 콘텐츠를 개발할 수 있습니다. 교재는 이러한 과정을 단계별로 안내하며, AI 생성물의 한계를 보완하고 최종 작품의 완성도를 높이는 데 필요한 구체적인 방법도 포함하고 있습니다. 학습자는 AI 도구를 통해 텍스트와 이미지를 생성하고 이를 종합하여 창의적인 작품을 제작하면서 문제 해결 능력을 함양할 수 있습니다. 이 과정은 디지털 리터러시와 창의성을 강화하고, 학습자가 AI 기술의 작동 방식을 이해하며, 이를 실질적으로 활용할 수 있도록 돕습니다.

또한, 학습자는 비판적 사고를 통해 AI가 제공하는 정보의 유효성을 평가하고, 윤리적 판단을 통해 책임감 있는 결정을 내릴 수 있습니다. 예를 들어, AI 생성 콘텐츠의 저작권 문제를 탐구하거나, 데이터 활용의 윤리적 측면을 고려하며 실제 상황에서 적용 가능한 해결책을 개발하게 됩니다. 이를 통해 학습자는 기술적 능력뿐 아니라 통합적 사고와 사회적 책임감을 함께 배양할 수 있습니다.

# 1.5 준비된 자만이 AID 시대를 이끈다



AID 시대는 기술적 변화 이상의 사고방식과 학습 모델의 변화를 요구합니다. 예를 들어, AID 시대에는 협업 중심의 학습 모델이 강조되며, 학습자들은 프로젝트 기반 학습을 통해 AI 기술을 활용한 실제 문제 해결 과정을 경험할 수 있습니다. 또한, 사고방식 측면에서는 데이터 기반으로 결정을 내리고 윤리적 기준을 고려하는 통합적 사고가 필요합니다. AI 기술은 우리의 일상과 교육 현장에 깊이 스며들었으며, 이를 어떻게 활용하느냐가 개인과 조직의 성공을 좌우할 것입니다. 본 교재는 학습자가 AI 기술을 창의적으로 활용하고, 윤리적 판단력을 갖추며, 변화에 유연하게 대처할 수 있는 능력을 갖추도록 지원합니다. 이러한 역량은 개인의 성공을 넘어 더 나은 사회와 교육 환경을 만드는 데 기여할 것입니다. 준비된 자만이 AID 시대의 도전 속에서 기회를 포착하고 주도권을 쥘 수 있습니다. 준비된 자는 AI 기술을 이해하고 창의적으로 활용하며, 빠르게 변화하는 환경에 적응할 수 있는 유연성과 윤리적 판단력을 갖춘 사람들입니다. 이들은 AI 기반의 협업 프로젝트에 적극 참여하며, 기술적 역량을 바탕으로 혁신적인 해결책을 제시할 수 있습니다. 학습자는 변화의 소용돌이 속에서도 중심을 잃지 않고, 오히려 새로운 기회를 창출하는 주체로 성장할 것입니다.

MEMO

# 2장

# 생성형 AI 개념과 창작 윤리

1. 생성형 AI의 개념, 발전 역사, 현재 동향과 미래 전망

2. AI를 활용한 창작의 윤리적 고려사항

2.1

# 생성형 AI의 개념, 발전 역사, 현재 동향과 미래 전망

2장 생성형 AI 개념과 창작 윤리

인공지능(AI)이라는 단어를 들으면 어떤 이미지가 떠오르시나요? 똑똑한 로봇? 복잡한 수학 공식? 아니면 미래 사회의 모습? 사실 AI는 이 모든 것을 포함하면서도, 우리의 상상을 뛰어넘는 무언가입니다. 특히 최근 주목받고 있는 '생성형 AI'는 우리가 생각하는 창조의 개념마저 바꾸고 있습니다.

생성형 AI란 새로운 콘텐츠를 만들어낼 수 있는 AI 시스템을 말합니다. 이는 단순히 주어진 데이터를 분석하거나 분류하는 것을 넘어, 텍스트, 이미지, 음악, 심지어 비디오까지 생성할 수 있는 능력을 가지고 있습니다. 마치 인간 예술가처럼 '창작'을 하는 셈이죠. 하지만 이런 AI가 하루아침에 탄생한 것은 아닙니다. 그 뿌리는 생각보다 오래전으로 거슬러 올라갑니다.

AI의 역사는 1950년대부터 시작됩니다. 당시 앨런 튜링이 "기계는 생각할 수 있는가?"라는 provocative한 질문을 던졌고, 이는 AI 연구의 시발점이 되었습니다. 1956년에는 다트머스 회의에서 '인공지능'이라는 용어가 처음으로 사용되었죠. 그러나 초기의 AI는 매우 제한적이었습니다. 간단한 규칙을 따르는 것이 고작이었죠.
1970년대와 80년대를 거치면서 AI는 조금씩 발전했습니다. 특정 분야의 전문가 지식을 모방하는 '전문가 시스템'이 등장했고, 제한된 영역에서의 텍스트 생성 실험도 이루어졌습니다. 그러나 여전히 AI는 인간의 지능과는 거리가 멀었습니다.

진정한 혁명은 2010년대에 일어났습니다. 딥러닝이라는 기술의 발전과 함께 AI의 능력이 비약적으로 향상되었죠. 2014년에는 생성적 적대 신경망(GAN)이라는 혁신적인 기술이 등장했습니다. 이는 마치 위조지폐범과 경찰의 숨바꼭질처럼, 두 개의 AI 시스템이 서로 경쟁하면서 발전하는 방식입니다. 이를 통해 AI는 점점 더 현실적이고 창의적인 결과물을 만들어낼 수 있게 되었습니다.

2020년대에 들어서면서 생성형 AI는 더욱 놀라운 발전을 이루었습니다. GPT-3, DALL-E, Midjourney와 같은 AI 모델들이 등장하면서, AI는 인간이 쓴 것과 구분하기 어려운 텍스트를 작성하고, 상상 속의 이미지를 현실로 만들어내기 시작했습니다. 2022년 등장한 ChatGPT는 AI와의 대화를 일상화시키며 전 세계를 놀라게 했죠.

그렇다면 현재 AI 기술은 어디까지 왔을까요? 가장 주목받는 분야는 대규모 언어 모델(Large Language Models, LLMs)입니다. 이들은 인간의 언어를 이해하고 생성하는 데 놀라운 능력을 보여주고 있습니다. 다국어 지원은 물론, 프로그래밍, 창작, 분석 등 다양한 작업을 수행할 수 있죠.

컴퓨터 비전 분야에서도 큰 진전이 있었습니다. AI는 이제 사진이나 영상 속 객체를 정확히 인식할 뿐만 아니라, 의료 영상을 분석하여 질병을 진단하거나 자율주행 자동차의 '눈' 역할을 하기도 합니다.

강화학습이라는 분야에서는 AI가 복잡한 게임을 마스터하고, 로봇을 제어하는 등의 성과를 보여주고 있습니다. 이는 복잡한 실세계 문제를 해결하는 데 큰 도움이 될 것으로 기대됩니다.

생성형 AI의 발전은 특히 눈부십니다. 텍스트 생성은 말할 것도 없고, DALL-E나 Midjourney 같은 AI는 우리가 상상하는 그 어떤 이미지도 만들어낼 수 있습니다. 음악을 작곡하고, 영화 시나리오를 쓰는 AI도 등장했죠. 이제 AI는 단순한 도구를 넘어 창작의 동반자로 진화하고 있습니다.
더욱 흥미로운 것은 AI가 다른 첨단 기술들과 결합하고 있다는 점입니다. 예를 들어, 사물인터넷(IoT)과 AI가 만나 스마트홈과 스마트시티를 구현하고 있습니다. 블록체인 기술과 결합해 더욱 안전한 데이터 관리를 가능케 하고 있죠. 5G 기술의 발전으로 AI는 더욱 빠르고 효율적으로 작동할 수 있게 되었습니다.

그렇다면 AI의 미래는 어떤 모습일까요? 많은 전문가들은 범용 AI(Artificial General Intelligence, AGI)의 등장을 예측합니다. 이는 인간처럼 다양한 과제를 수행할 수 있는 AI를 말합니다. 또한 양자 컴퓨팅과 AI의 결합은 상상을 초월하는 연산 능력을 보여줄 것으로 기대됩니다.

의료 분야에서는 AI가 개인 맞춤형 치료를 가능케 하고, 신약 개발 속도를 획기적으로 높일 것으로 보입니다. 교육 분야에서는 각 학생의 특성에 맞는 개인화된 학습 경험을 제공할 수 있겠죠. 환경 문제 해결에도 AI가 큰 역할을 할 것입니다. 기후 변화를 더욱 정확히 예측하고, 효과적인 대응 방안을 수립하는 데 AI가 활용될 것입니다.

하지만 AI의 발전이 장밋빛 미래만을 약속하는 것은 아닙니다. 우리는 여러 가지 도전 과제에 직면하게 될 것입니다. 일자리 변화는 가장 큰 문제 중 하나입니다. 많은 직업이 AI로 대체될 수 있지만, 동시에 새로운 직업도 생겨날 것입니다. 우리는 이러한 변화에 어떻게 대응해야 할까요?

AI의 결정이 우리 삶에 미치는 영향력이 커질수록, AI의 윤리와 책임 문제도 더욱 중요해질 것입니다. AI가 편견 없이 공정한 결정을 내리도록 하려면 어떻게 해야 할까요? AI의 오류나 악용으로 인한 피해는 누가, 어떻게 책임져야 할까요?

프라이버시 문제도 간과할 수 없습니다. AI가 더 나은 서비스를 제공하기 위해서는 더 많은 개인 데이터가 필요합니다. 하지만 이는 개인의 프라이버시를 침해할 수 있는 위험이 있죠. 우리는 편의성과 프라이버시 사이에서 어떤 선택을 해야 할까요?

이러한 도전 과제들을 해결하기 위해서는 AI에 대한 올바른 이해와 적절한 규제가 필요합니다. AI 리터러시 교육의 중요성이 강조되는 이유가 바로 여기에 있습니다. 또한 AI 개발과 사용에 대한 국제적인 규범과 가이드라인도 만들어져야 할 것입니다.

결론적으로, AI 기술은 우리 앞에 무한한 가능성의 문을 열어주고 있습니다. 하지만 동시에 우리에게 큰 책임도 요구하고 있습니다. AI를 어떻게 발전시키고 활용할 것인가는 결국 우리의 선택에 달려 있습니다. 우리가 추구하는 가치와 원칙을 AI 기술에 어떻게 반영할 것인지, 그리고 AI와 함께하는 미래를 어떻게 그려나갈 것인지에 대한 진지한 고민과 사회적 합의가 필요한 시점입니다. AI의 발전은 단순한 기술의 진보를 넘어, 인간의 정체성과 사회의 근본적인 변화를 요구하고 있기 때문입니다.

# 2.2 AI를 활용한 창작의 윤리적 고려사항

2장 생성형 AI 개념과 창작 윤리

인공지능(AI)이 창작의 영역에 본격적으로 진출하면서, 우리는 이전에 경험하지 못했던 새로운 윤리적 문제들과 마주하고 있습니다. AI가 그린 그림이 미술 대회에서 수상하고, AI가 쓴 시나리오로 영화가 만들어지는 시대가 도래했습니다. 이러한 변화는 창작의 개념을 근본적으로 재정의하고 있으며, 이에 따라 우리는 여러 가지 윤리적 고려사항들을 신중히 검토해야 합니다.

먼저, 저작권과 지적 재산권 문제를 살펴봐야 합니다. AI가 생성한 콘텐츠의 저작권은 누구에게 귀속되어야 할까요? AI 개발자? AI를 사용한 사람? 아니면 AI 자체? 이는 단순한 질문이 아닙니다. AI가 학습한 데이터에는 수많은 기존 작품들이 포함되어 있을 텐데, 이들의 저작권은 어떻게 처리해야 할까요? 더 나아가, AI가 생성한 콘텐츠를 바탕으로 2차 창작물을 만들었을 때, 그 권리 관계는 어떻게 설정해야 할까요? 이러한 질문들에 대한 명확한 답변이 아직 없는 상황에서, 우리는 새로운 법적, 윤리적 프레임워크를 만들어나가야 합니다.

다음으로, 창작의 진정성과 가치에 대한 근본적인 질문을 던져봐야 합니다. AI가 그린 그림이나 쓴 시가 예술적 가치를 지닐 수 있을까요? 많은 사람들이 예술 작품에서 인간의 감정과 경험, 그리고 창작 과정에서의 고뇌를 중요하게 여깁니다. 그렇다면 AI의 창작물은 이러한 가치를 담아낼 수 없는 것일까요? 아니면 우리가 예술을 바라보는 관점 자체를 변화시켜야 할까요? 또한, AI를 활용한 창작 과정의 투명성 문제도 고민해봐야 합니다. 작품이 AI의 도움을 받아 만들어졌다는 사실을 공개해야 할까요? 만약 그렇다면, AI의 기여도는 어떻게 측정하고 명시해야 할까요?

AI 창작물에 대한 책임과 통제의 문제도 중요합니다. 만약 AI가 생성한 콘텐츠가 잘못된 정보를 포함하고 있거나 유해하다면, 그 책임은 누구에게 있을까요? AI 개발자? 사용자? 아니면 AI 자체? 이는 단순한 법적 책임을 넘어서는 문제입니다. 우리 사회가 AI와 인간의 관계를 어떻게 정립할 것인지에 대한 철학적 고민이 필요합니다. 또한, AI 기술에 대한 접근성 차이로 인해 새로운 형태의 창작 기회 불균형이 생길 수 있다는 점도 간과해서는 안 됩니다. 이는 디지털 격차(Digital Divide)로 인한 새로운 형태의 불평등을 야기할 수 있습니다.

문화적 측면에서의 고려도 필요합니다. AI 모델들은 학습 데이터에 내재된 문화적, 사회적 편향성을 그대로 반영할 수 있습니다. 이는 특정 문화나 가치관이 과대 대표되거나, 반대로 소수 문화가 무시되는 결과를 낳을 수 있습니다. 따라서 AI를 활용한 창작에서 문화적 다양성을 어떻게 보장할 것인지, 지역 문화와 소수 문화를 어떻게 보존하고 발전시킬 것인지에 대한 고민이 필요합니다.

이러한 복잡한 윤리적 문제들을 해결하기 위해서는 국제적 수준의 AI 창작 윤리 가이드라인이 필요할 것입니다. 동시에, 창작자와 소비자 모두를 위한 AI 리터러시 교육도 중요합니다. AI 기술과 그 윤리적 함의를 이해하는 것이 미래 사회의 필수적인 역량이 될 것이기 때문입니다.

결론적으로, AI를 활용한 창작은 우리에게 무한한 가능성을 열어주는 동시에 복잡한 윤리적 도전을 안겨주고 있습니다. 이러한 도전에 대응하기 위해서는 창작자, 기술 개발자, 정책 입안자, 그리고 일반 대중 모두의 참여와 지속적인 대화가 필요합니다. 우리는 기술의 발전과 윤리적 고려 사항 사이의 균형을 찾아가면서, AI 시대의 새로운 창작 윤리를 함께 만들어가야 할 것입니다. 이는 단순히 규칙을 정하는 문제가 아니라, 우리가 어떤 사회에서 살아가길 원하는지, 그리고 인간과 기계의 관계를 어떻게 설정할 것인지에 대한 근본적인 질문에 답하는 과정이 될 것입니다.

# 2부

# AI를 활용한
# 텍스트와 스토리텔링

# 3장

# AI 도구 기초와 텍스트 생성

1. 주요 AI 텍스트 생성 도구 소개
2. 효과적인 프롬프트 작성법
3. 생성형 AI로 콘텐츠를 만들 때 오해와 진실

# 3.1 주요 AI 텍스트 생성 도구 소개

## 3장 AI 도구 기초와 텍스트 생성

여러분은 혹시 AI와 대화를 나눠본 적이 있나요? 아니면 AI가 작성한 글을 읽어본 경험이 있으신가요? 불과 몇 년 전만 해도 이런 질문은 공상과학 영화의 한 장면 같았겠지만, 이제는 우리의 일상이 되어가고 있습니다. AI 텍스트 생성 기술의 발전 속도는 실로 놀랍습니다. 이제 AI는 단순히 정보를 처리하는 것을 넘어 인간처럼 글을 쓰고, 대화를 나누며, 심지어 창작 활동까지 할 수 있게 되었습니다.

이러한 AI 텍스트 생성 기술의 중심에는 'GPT(Generative Pre-trained Transformer)'라는 모델이 있습니다. GPT는 말 그대로 '생성적 사전 훈련된 변환기'라는 뜻인데요, 이 복잡한 이름 속에 AI 텍스트 생성의 핵심 원리가 담겨 있습니다. GPT는 인간이 작성한 방대한 양의 텍스트를 학습하고, 이를 바탕으로 새로운 텍스트를 생성해 냅니다. 마치 천재적인 작가가 수많은 책을 읽고 자신만의 글을 쓰는 것과 비슷하다고 할 수 있죠.

GPT 모델은 계속해서 진화하고 있습니다. 2018년에 첫 선을 보인 GPT-1을 시작으로, GPT-2, GPT-3로 발전해 왔고, 현재는 GPT-4가 최신 버전입니다. 각 버전이 업그레이드될 때마다 AI의 언어 이해력과 생성 능력은 비약적으로 향상되었습니다. 특히 GPT-3는 1750억 개의 매개변수를 가진 거대한 모델로, 이전 버전들과는 차원이 다른 성능을 보여주었습니다.

이러한 GPT 모델을 기반으로 한 가장 유명한 애플리케이션이 바로 'ChatGPT'입니다. 2022년 말에 공개된 ChatGPT는 전 세계적으로 선풍적인 인기를 끌며 AI 기술의 대중화를 이끌었습니다. ChatGPT는 사용자와 실시간으로 대화를 나눌 수 있으며, 질문에 답하거나 작문을 하는 등 다양한 언어 관련 작업을 수행할 수 있습니다. 마치 똑똑한 비서나 박학다식한 친구와 대화하는 것 같은 경험을 제공하죠.

ChatGPT 외에도 다양한 AI 텍스트 생성 도구들이 있습니다. 구글의 'BERT'와 'LaMDA', 페이스북의 'LLaMA', 인스트럭션 특화 모델인 'InstructGPT' 등이 대표적입니다. 이들은 각각 고유한 특징을 가지고 있으며, 다양한 분야에서 활용되고 있습니다. 예를 들어, BERT는 검색 엔진의 질의 이해 능력을 크게 향상시켰고, LaMDA는 더욱 자연스러운 대화형 AI 개발에 사용되고 있습니다.

AI 텍스트 생성 기술은 인간처럼 글을 쓰고 대화하며 창작 활동까지 가능하게 합니다. 이 기술의 중심에는 'GPT(Generative Pre-trained Transformer)'와 같은 모델이 있습니다. GPT는 방대한 데이터를 학습해 새로운 텍스트를 생성하는 능력을 가지고 있으며, 대표적인 애플리케이션으로 ChatGPT가 있습니다.

ChatGPT 외에도 다양한 AI 텍스트 생성 도구들이 있습니다. 이들 도구는 각기 고유한 특징과 장점을 가지고 있으며, 다양한 산업 분야에서 활용됩니다. 아래 표는 주요 도구의 특징과 활용 사례를 요약한 것입니다.

이러한 AI 텍스트 생성 도구들은 우리의 일상과 산업 전반에 큰 변화를 가져오고 있습니다. 작가들은 AI를 창작의 동반자로 활용하기 시작했고, 기업들은 AI를 이용해 고객 서비

| 도구 | 주요 특징 | 활용 사례 | 제한점 |
|---|---|---|---|
| ChatGPT | 실시간 대화 및 작문 가능, 다목적 언어 모델 | 콘텐츠 생성, 고객 지원, 교육 자료 개발 | 맥락 이해 한계, 환각 현상 가능성 |
| Claude | 인간 중심 설계, 신뢰성과 안전성에 중점 | 윤리적 AI 상담, 법률 문서 생성, 정책 초안 작성 | 복잡한 요청에 대한 제한된 응답 |
| BERT | 문맥 이해에 강점, 검색과 텍스트 분류에 최적화 | 검색 엔진 최적화, 문서 요약 | 생성보다는 분석에 특화 |

| 도구 | 주요 특징 | 활용 사례 | 제한점 |
|---|---|---|---|
| LaMDA | 자연스러운 대화 생성에 중점, 인간과 유사한 대화 경험 제공 | 고객 서비스 챗봇, 대화형 AI | 특정 도메인에 대한 학습 제한 |
| LLaMA | 경량화된 모델, 낮은 자원에서도 고성능 제공 | 연구 및 실험 목적, 로컬 환경에서 AI 실행 | 상업적 활용 제한 |
| InstructGPT | 사용자 지시사항에 최적화된 텍스트 생성 | 매뉴얼 작성, 데이터 주석 작업 | 지시어에 따라 결과가 편향될 수 있음 |

스를 개선하고 있습니다. 교육 분야에서는 개인 맞춤형 학습 도구로 AI가 활용되고 있으며, 의료 분야에서는 의료 기록 작성이나 진단 보조 도구로 쓰이고 있습니다.

하지만 이러한 발전이 모두에게 환영받는 것만은 아닙니다. AI가 생성한 텍스트의 진실성과 신뢰성에 대한 우려가 제기되고 있으며, 저작권 문제나 AI의 편향성 문제 등 다양한 윤리적, 법적 이슈들이 대두되고 있습니다. 또한, AI가 인간의 일자리를 위협할 수 있다는 우려의 목소리도 있습니다.

그럼에도 불구하고 AI 텍스트 생성 기술의 발전은 계속될 것으로 보입니다. 앞으로는 더욱 정교하고 맥락을 이해하는 AI, 더 자연스럽게 인간과 소통할 수 있는 AI가 등장할 것입니다. 어쩌면 우리가 상상하지 못한 방식으로 언어를 다루는 AI가 나타날지도 모릅니다.

우리에게 중요한 것은 이러한 기술을 어떻게 현명하게 활용할 것인가 하는 점입니다. AI는 결국 우리가 만들어낸 도구입니다. 이 강력한 도구를 어떻게 사용하느냐에 따라 우리의 미래가 달라질 것입니다. AI 텍스트 생성 도구들은 우리의 창의성을 증폭시키고, 생산성을 높이며, 새로운 가능성을 열어줄 수 있습니다. 동시에 우리는 이 기술의 한계와 위험성을 인식하고, 윤리적이고 책임감 있게 사용해야 할 것입니다.

AI 텍스트 생성 기술은 이제 막 그 여정을 시작했습니다. 앞으로 이 기술이 어떻게 발전하고, 우리 사회를 어떻게 변화시킬지 지켜보는 것은 매우 흥미로운 일이 될 것입니다. 우리는 이 흥미진진한 여정의 목격자이자 참여자입니다. AI와 함께 새로운 이야기를 써나가는 우리의 모습을 상상해 보시기 바랍니다.

# 3.2 효과적인 프롬프트 작성법

3장 AI 도구 기초와 텍스트 생성

AI와의 대화는 마치 마법 램프의 지니를 소환하는 것과 같습니다. AI가 여러분의 요청을 정확히 이해하고 기대에 부응하는 결과를 제공하려면, 프롬프트(Prompt)를 효과적으로 작성하는 기술이 필요합니다. 다음은 효과적인 프롬프트 작성법과 이를 활용하기 위한 실질적인 팁들입니다.

## 3.2.1 효과적인 프롬프트 작성의 핵심 원칙

①. **명확성:** AI는 추측할 수 없습니다. 구체적이고 명확한 요청을 통해 원하는 결과를 얻으세요.
   - **예:** "글 써줘" → "환경 보호의 중요성에 대해 500단어 분량의 에세이를 작성해줘. 통계 자료를 포함해줘."

②. **맥락 제공:** 배경 정보와 목적을 알려주면 AI가 더 적합한 결과를 제공합니다.
   - **예:** "나는 고등학교 교사야. 10대들이 이해할 수 있는 쉬운 언어로 설명해줘."

③. **단계별 요청:** 복잡한 작업은 여러 단계로 나눠 요청하세요.
   - **예:** "먼저 주제에 대한 개요를 작성해줘. 그런 다음 각 부분을 확장해줘."

④. **예시 제공:** 원하는 스타일이나 형식을 AI에게 명확히 보여주세요.
   - **예:** "다음과 같은 형식으로 글을 작성해줘: [예시 텍스트 삽입]"

⑤. **제약 조건 명시:** 결과물에 대한 조건을 설정하세요.
- **예:** "초등학생이 이해할 수 있는 수준으로 설명해줘" 또는 "전문 용어를 사용하지 마."

⑥. **출력 형식 지정:** 정보를 정리된 형식으로 요청하세요.
- **예:** "답변을 불릿 포인트로 정리해줘."

⑦. **반복과 수정:** 첫 결과물이 만족스럽지 않을 때, 프롬프트를 수정하여 더 나은 응답을 얻으세요.
- **예:** "이 부분을 더 자세히 설명해줘" 또는 "다른 관점에서 생각해볼 수 있을까?"

## 3.2.2 프롬프트 작성 예시

| 목표 | 비효율적 프롬프트 | 효과적인 프롬프트 |
| --- | --- | --- |
| 에세이 작성 | "글 써줘." | "환경 보호의 중요성에 대해 500단어로 설득력 있는 에세이를 작성해줘. 통계 자료를 포함해줘." |
| 학생 대상 설명 | "간단히 설명해줘." | "나는 고등학교 교사야. 10대들이 이해할 수 있는 쉬운 언어로 AI의 원리를 설명해줘." |
| 출력 형식 지정 | "정보를 알려줘." | "AI 텍스트 생성 도구의 차이점을 표 형식으로 정리해줘. 각 도구의 장단점도 포함해줘." |
| 추가 요청 | "다시 해줘." | "이 부분을 더 간결하게 요약해줘. 그리고 예시를 추가해봐." |

## 3.2.3 윤리적 프롬프트 작성

AI와의 대화에서 윤리적 책임을 다하는 것도 중요합니다. 다음은 윤리적 고려사항입니다.

- **적절한 요청:** AI에게 유해하거나 부적절한 콘텐츠를 생성하도록 요청하지 않기.
- **정보 확인:** AI가 생성한 정보를 비판적으로 검토하고, 필요 시 사실 확인.
- **저작권 준수:** AI가 생성한 콘텐츠에서 사용된 자료의 저작권 문제를 고려.

### 3.2.4 프롬프트 작성의 중요성과 미래

효과적인 프롬프트 작성은 AI 시대를 살아가는 필수 기술 중 하나입니다. 이는 단순히 AI와 대화하는 기술을 넘어, 창의적이고 생산적으로 문제를 해결하는 능력을 의미합니다. 기업들이 '프롬프트 엔지니어'라는 새로운 직업군에 주목하는 것도 이러한 이유 때문입니다. 여러분도 다양한 프롬프트 작성법을 실험하고 연습하며 AI와의 협업 능력을 키워보세요.

# 3.3 생성형 AI로 콘텐츠를 만들 때 오해와 진실



생성형 AI에 대해 보다 정확히 이해할 수 있도록, 이 챕터에서는 생성형 AI를 활용한 콘텐츠 제작 과정에서 흔히 발생하는 오해와 그에 따른 진실을 다룹니다. 이를 통해 AI를 효과적으로 활용하는 데 필요한 통찰력을 제공합니다.

①. **오해:** AI가 모든 것을 자동으로 만들어낸다.

- **진실:** 생성형 AI는 초기 아이디어나 초안을 빠르게 생성하는 데 유용한 도구입니다. 하지만 이 결과물은 완성된 콘텐츠가 아닙니다. 실제로 AI가 만든 텍스트나 이미지는 창작자의 지속적인 수정과 보완이 필요합니다. 예를 들어, AI가 만든 동화책의 이미지에서 잘못된 비례나 맥락과 어울리지 않는 요소는 수동 보정이 필요합니다.
- **사례:** 한 창작자가 AI를 이용해 동화책을 제작할 때, AI가 생성한 이미지는 캐릭터의 손가락 개수가 맞지 않거나 배경과의 조화가 부족한 경우가 많았습니다. 이 과정에서 포토샵과 같은 디자인 도구를 활용해 이미지를 수정하고, 스토리의 맥락에 맞는 조정을 반복했습니다. 텍스트 역시 AI의 제안은 중복되거나 논리적 연결이 부족한 경우가 있어 추가적인 편집 작업이 필수적이었습니다.

AI 콘텐츠 생성에 대한 오해

〈그림〉 AI 콘텐츠 생성에 대한 오해

②. **오해:** AI는 창의성을 대체할 수 있다

- **진실:** AI는 방대한 데이터를 기반으로 학습하여 기존 정보를 조합하거나 변형합니다. 하지만 진정한 창의성은 기존 데이터를 뛰어넘는 독창적인 아이디어를 창출하는 데 있습니다. 인간의 창의성은 AI가 제공하는 아이디어를 어떻게 응용하고 확장하느냐에 따라 빛을 발합니다.
- **사례:** '핑키의 무지개 마음' 동화책 제작 과정에서 창작자는 AI로부터 얻은 기본 아이디어를 바탕으로 24곡의 테마송을 직접 작곡했습니다. 이는 AI의 결과물만으로는 달성할 수 없는 창의적인 응용 사례입니다. 또한, AI가 제공한 스토리 초안은 플롯의 기초 역할을 했으나, 창작자는 감정적인 깊이와 세부적인 디테일을 더해 완성도를 높였습니다.

③. **오해:** AI의 결과물은 항상 정확하고 완벽하다

- **진실:** AI는 때로 부정확하거나 편향된 정보를 생성할 수 있습니다. AI가 생성한 결과물은 항상 검토와 교정이 필요합니다. 이는 AI가 학습한 데이터의 한계 때문이며, 사용자는 이를 비판적으로 평가해야 합니다.
- **사례:** 한 창작자가 AI를 이용해 만든 콘텐츠에서 "손가락이 6개인 캐릭터"가 등장한 사례가 있었습니다. 이는 AI의 제한된 이해에서 비롯된 오류로, 사용자가 이를 식별하고 수정해야 했습니다. 또한, AI가 생성한 텍스트는 지나치게 일반적이거나 맥락에 부적합한 내용이 포함되어 있어 인간 창작자의 판단과 수정이 필수적이었습니다.

④. **오해:** AI만 있으면 누구나 쉽게 콘텐츠를 제작할 수 있다.

- **진실:** AI는 초보자도 쉽게 접근할 수 있는 도구를 제공합니다. 하지만 효과적으로 활용하기 위해서는 도구의 작동 원리, 한계, 그리고 창작 과정에서의 수정과 피드백 방법을 이해해야 합니다. 기술적 역량뿐만 아니라 콘텐츠 제작의 전반적인 흐름에 대한 감각도 필수적입니다.
- **사례:** AI 이미지 생성 도구를 사용할 때, 원하는 결과를 얻기 위해 사용자들은 프롬프트를 반복적으로 수정하며 시도합니다. 특히, 캐릭터의 디테일이나 배경의 일관성을 유지하려면 사용자 스스로 디테일한 지시를 내리고 결과를 보완해야 합니다. 이러한 반복적인 시도와 세심한 조정을 통해 비로소 만족스러운 결과를 얻을 수 있었습니다.

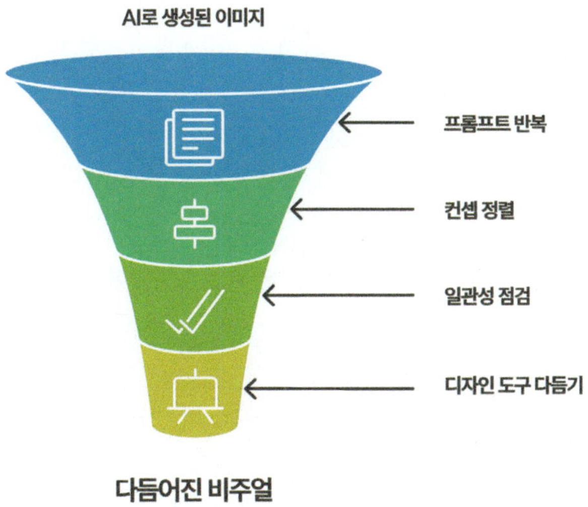


<그림> AI로 생성된 이미지 다듬기

⑤. **오해:** AI로 만든 콘텐츠는 윤리적 문제에서 자유롭다.
- **진실:** AI로 만든 콘텐츠도 저작권, 데이터 프라이버시, 윤리적 사용에 대한 문제에서 자유롭지 않습니다. AI가 학습한 데이터에는 기존 저작물이 포함될 수 있으며, 이로 인해 2차 창작물의 저작권 문제가 발생할 수 있습니다.
- **사례:** 한 프로젝트에서 AI를 통해 생성된 이미지를 사용하려 했으나, 학습 데이터에 포함된 저작물과 유사하다는 논란이 있었습니다. 이 경우, 원 저작물과의 유사성을 검토하고 필요한 경우 적절한 라이선스를 취득해야 합니다. 또한, AI로 생성된 텍스트에서도 특정 아이디어가 다른 창작물과 지나치게 유사한 경우가 발견되어 이러한 윤리적 검토가 창작 과정의 필수 단계로 자리 잡았습니다

⑥. **AI와 인간의 협업:** 생성형 AI는 강력하고 유용한 도구이지만, 완전한 결과물을 자동으로 생성해 주는 마법의 솔루션은 아닙니다. 창작자는 AI가 제공하는 아이디어와 초안을 바탕으로 세밀한 수정과 독창적인 아이디어를 결합해야 합니다. 또한, 윤리적 문제와 기술적 한계를 인지하고 이를 극복하기 위한 노력이 필수적입니다. AI와의 협업은 효율성을 높이는 동시에 인간 고유의 창의성과 감각을 발휘할 수 있는 기회를 제공합니다. 이러한 협업은 AI 시대에 창작의 새로운 가능성을 열어주며, 다양한 콘텐츠 분야에서 혁신을 이끌어낼 수 있는 잠재력을 지니고 있습니다.

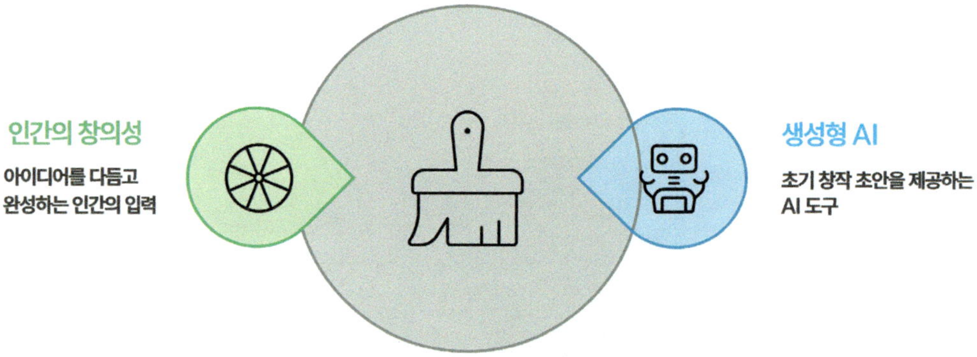


<그림> AI와 인간의 협업 창작 과정

<그림> 생성형 AI를 활용한 창작 과정

MEMO

# 4장

# 동화책 스토리 설계와 작성

1. 동화의 구조와 스토리텔링 기법
2. AI를 활용한 캐릭터 설계와 배경 설정
3. 동화 초안 작성 및 수정

# 4.1 동화의 구조와 스토리텔링 기법

3장 AI 도구 기초와 텍스트 생성

## 4.1.1 동화의 기본 구조와 핵심 요소

동화는 단순한 이야기처럼 보이지만, 오랜 세월 동안 다듬어진 정교한 구조와 핵심 요소들로 이루어져 있습니다. 동화의 기본 구조는 다음과 같은 네 단계로 나눌 수 있습니다.

- **도입부:** 이야기의 배경과 주인공을 소개하며 독자의 관심을 끄는 부분입니다. 예: "옛날 옛적에…"로 시작.
- **전개부:** 주인공이 문제나 갈등에 직면하고 모험을 시작합니다.
- **절정:** 가장 큰 시련과 이를 극복하는 과정으로, 이야기의 핵심 메시지가 전달됩니다.
- **결말:** 갈등이 해소되고 긍정적 결과로 이어지는 단계입니다. 현대 동화는 열린 결말을 선택하기도 합니다.
- **핵심 요소:**
  - **주인공:** 선하고 용감하지만, 약점도 있어야 독자가 공감할 수 있습니다.
  - **적대자 또는 문제:** 전통적인 악당이나 내적 갈등 등 다양합니다.
  - **조력자와 마법적 요소:** 도움을 주는 존재와 상상력을 자극하는 요소들.
  - **시련과 극복:** 교훈과 희망을 전달하는 주인공의 성장 과정.

## 4.1.2 효과적인 스토리텔링 기법

동화를 더욱 생동감 있고 몰입감 있게 만드는 스토리텔링 기법은 다음과 같습니다.

- **감각적 묘사:** 독자의 상상력을 자극하는 오감 묘사. 예: "숲속의 꽃향기와 새들의 지저귐은…"
- **대화 활용:** 캐릭터의 성격을 드러내고 이야기를 자연스럽게 진행.
- **반전과 서스펜스:** 예상치 못한 전개로 독자의 흥미 유지.
- **상징과 은유:** 깊이 있는 메시지를 간접적으로 전달.
- **반복과 변주:** 특정 사건이나 대사를 반복하여 리듬감 제공.
- **시점 활용:** 전지적 시점, 1인칭, 악당의 관점 등 다양한 시점 사용.

## 4.1.4 AI 활용을 통한 동화 설계 팁

AI를 활용하여 동화를 설계할 때 다음 팁을 활용해 보세요.

- **명확한 지시어:** AI에게 동화 구조와 타겟 독자의 특성을 명확히 설명. 예: "7-9세를 대상으로, 모험을 주제로 한 이야기를 생성해줘."
- **반복적인 피드백:** AI가 생성한 초안을 검토하고 구체적인 수정 요청.
- **상징적 요소 활용:** AI에게 은유와 상징 사용을 요청하여 이야기에 깊이 부여.

# 4.2 AI를 활용한 캐릭터 설계와 배경 설정



## 4.2.1 매력적인 캐릭터의 특성

동화 속 매력적인 캐릭터는 이야기를 기억에 남게 만드는 핵심 요소입니다. 캐릭터가 독자, 특히 어린 독자들에게 공감과 흥미를 불러일으키려면 다음과 같은 특성을 갖추어야 합니다.

- **공감할 수 있는 결함과 고민:** 완벽한 캐릭터보다는 인간적인 결함과 고민을 가진 캐릭터가 더 매력적입니다.
  - **예:** 겁이 많지만 용기를 내야 하는 주인공.
- **뚜렷한 목표와 동기:** 캐릭터가 행동하게 만드는 분명한 목표와 동기를 설정하세요.
  - **예:** "잃어버린 장난감을 찾기"처럼 소소하지만 공감할 수 있는 목표.
- **독특한 개성과 목소리:** 독창적인 특징, 습관, 또는 말투는 캐릭터를 기억에 남게 만듭니다.
  - **예:** 모자를 모으는 곰, 거꾸로 말하는 요정.
- **성장 가능성:** 이야기 진행 중에 변하고 성장하는 캐릭터는 독자에게 교훈과 희망을 줍니다.
  - **예:** 편견을 극복하거나 새로운 기술을 배우는 주인공.
- **관계성과 유머:** 주인공과 주변 캐릭터들 간의 관계, 그리고 유머러스한 요소는 이야기의 깊이와 재미를 더합니다.

- **상상력을 자극하는 특징:** 특별한 능력이나 매력적인 외모 등은 독자의 상상력을 자극합니다.
  - **예:** 동물과 대화할 수 있는 능력.

### 4.2.2 AI를 활용한 캐릭터 배경 및 성격 생성

AI는 동화 캐릭터 개발에서 다양한 아이디어를 제공할 수 있습니다. 이를 효과적으로 활용하려면 다음 단계를 참고하세요.

- **초기 설정 입력하기:** 캐릭터의 나이, 성별, 배경 등을 AI에게 명확히 전달합니다.
  - **예:** "10살 소녀, 중세 판타지 세계, 마법사 가문 출신."
- **세부 프롬프트 작성:** 성격, 능력, 약점 등을 구체적으로 요청합니다.
  - **예:** "소녀의 가족 관계와 특별한 마법 능력을 포함한 배경을 만들어주세요."
- **생성 결과 검토 및 조정:** AI가 생성한 내용을 검토하여 이야기와 일치하지 않는 부분을 수정합니다.
- **반복적 피드백:** 특정 상황에서의 캐릭터 반응이나 경험을 구체적으로 요청하며 세부 사항을 조정합니다.
  - **예:** "소녀가 처음으로 마법을 깨달은 순간을 묘사해주세요."
- **독특한 특징 추가:** AI가 제안한 성격과 배경에 작가의 창의성을 더해 캐릭터에 생명력을 부여합니다.
  - **예:** "항상 나뭇잎 모양 귀걸이를 착용하는 습관."
- **일관성과 문화적 맥락 확인:** AI가 생성한 정보의 일관성과 문화적 배경의 적합성을 검토하여 수정합니다.

### 4.2.3 캐릭터 아크와 성장 설계

캐릭터 아크는 이야기의 중심이며, 캐릭터의 내적 변화를 통해 독자에게 강력한 메시지를 전달합니다.

- **캐릭터 아크의 기본 단계:**
  - **시작점:** 초기 성격과 약점.

- **도전:** 시련을 통해 가치관이 시험받는 순간.
- **성장:** 경험을 통해 변하고 성장하는 과정.
- **해결:** 변화된 모습으로 문제를 해결.

- **AI를 활용한 성장 과정 설계:** AI에게 "캐릭터가 자신감을 얻는 데 도움이 되는 주요 사건" 등을 요청합니다. AI가 제안한 사건을 기반으로 성장의 구체적 단계를 구상합니다.
- **어린 독자를 위한 성장 주제:** 자신감, 협력, 정직, 두려움 극복 등 연령대에 맞는 주제를 선택하세요.
- **균형 잡힌 성장 표현:** 실패, 좌절, 그리고 이를 극복하는 과정을 통해 현실적이고 설득력 있는 성장을 설계합니다.

### 간결한 활용 팁

- **다양성 확보:** AI에게 다양한 배경과 성격을 가진 캐릭터를 요청.
- **일관성 유지:** 생성된 정보를 검토하여 충돌이나 모순이 없는지 확인.
- **작가의 개입:** AI의 제안을 바탕으로 캐릭터에 독창성을 부여.

# 4.3 동화 초안 작성 및 수정

3장 AI 도구 기초와 텍스트 생성

## 4.3.1 스토리 구조 설계와 챕터 구성

탄탄한 스토리 구조와 효과적인 챕터 구성은 동화 창작의 첫걸음입니다. AI를 활용하면 창의적이고 체계적인 스토리 설계가 가능해집니다.

①. **기본 스토리 구조 설계:** 전통적인 '3막 구조'를 바탕으로 스토리의 주요 단계를 AI에게 요청할 수 있습니다.
  - **도입부(1막):** 주인공과 세계관 소개, 갈등의 시작. 예: "10살 소녀가 마법 세계에 들어가는 계기를 설정해주세요."
  - **전개부(2막):** 주요 사건과 캐릭터의 성장. 예: "소녀가 마법 세계에서 겪는 세 가지 도전을 제시해주세요."
  - **결말(3막):** 클라이맥스와 해결. 예: "소녀가 최종 시련을 극복하고 얻는 교훈을 설명해주세요."

②. **챕터 구성:** 동화의 길이와 독자의 연령을 고려하여 AI에게 구체적인 챕터 구성을 요청합니다.
  - **예:** "7-10세 독자를 위해 10개의 챕터로 구성된 이야기를 제안해주세요."
  - **구체적 요청:** 각 챕터의 주요 사건과 전환점을 한 문장으로 요약.

③. **서브플롯 통합:** 서브플롯은 이야기에 깊이를 더합니다.

- **예:** “주인공 친구의 개인적인 성장 이야기를 메인 스토리에 통합할 방법을 제안해주세요.”

④. **챕터 간 연결과 흐름:** AI에게 챕터 간의 전환과 자연스러운 흐름을 요청하세요.
- **예:** “각 챕터의 마지막 문장에서 다음 챕터로 이어질 힌트를 포함해주세요.”

⑤. **반복과 변주:** 이야기 전반에 반복되는 요소는 리듬감을 제공합니다.
- **예:** “세 번 반복되는 사건이나 대사를 제안하고 각 반복에서 변화를 제시해주세요.“

## 4.3.2 AI를 활용한 스토리 확장 기법

스토리의 뼈대가 완성되었다면, AI를 활용해 디테일과 창의적인 요소를 추가해 이야기를 풍성하게 만드세요.

①. **주요 장면 확장:** AI를 활용해 각 장면을 세부적으로 묘사합니다.
- **예:** “주인공이 마법의 숲에 들어가는 첫 장면을 시각적, 청각적, 감각적으로 묘사해주세요.”

②. **캐릭터 반응 심화:** 캐릭터의 내면과 감정 변화를 탐구합니다.
- **예:** “소녀가 마법 능력을 깨닫는 순간의 감정과 주변 반응을 묘사해주세요.”

③. **세계관 확장:** 세계관을 더 풍부하게 만듭니다.
- **예:** “마법 세계의 역사와 전설, 그리고 사회 구조를 간략히 설명해주세요.”

④. 갈등 심화와 반전: 주요 갈등을 강화하고 반전을 추가하세요.
- **예:** “소녀와 앤타고니스트의 갈등을 더 흥미롭게 만드는 요소를 제안해주세요.”
- **예:** “중반부에 예상치 못한 반전을 포함한 아이디어를 세 가지 제안해주세요.”

⑤. 상징과 모티프: 이야기 전체를 관통하는 상징이나 반복되는 요소를 개발합니다.
- **예:** “이 동화에서 사용할 수 있는 상징적 오브젝트를 제안해주세요.”

## 4.3.3 세부 사항과 배경 설명 추가하기

동화에 생동감과 깊이를 더하려면 세부 묘사와 배경 설정이 필요합니다.

①. **감각적 묘사:** AI에게 오감을 자극하는 구체적인 묘사를 요청하세요.
- **예:** “마법의 숲의 분위기를 시각, 청각, 후각을 포함하여 설명해주세요.”

②. **캐릭터 외모와 의상:** 캐릭터의 외모와 의상을 통해 성격과 배경을 드러냅니다.
- **예:** "소녀의 평소 의상과 모험에서 착용할 특별한 복장을 묘사해주세요."

③. **환경과 배경:** 이야기의 배경이 되는 장소를 생생하게 표현합니다.
- **예:** "마법 세계의 수도를 설명해주세요. 거리, 주민, 건축물 등을 포함하여."

④. **문화와 전통:** 세계관에 깊이를 더하기 위해 AI에게 문화적 요소를 요청하세요.
- **예:** "이 세계의 주요 축제나 전통 의식을 묘사해주세요."

## 4.3.4 일관성 있는 문체와 톤 유지

동화의 매력은 단순히 흥미로운 스토리에만 있지 않습니다. 이야기 전반에서 일관성 있는 문체와 톤을 유지하는 것은 독자가 이야기 속으로 몰입할 수 있는 중요한 요소입니다. AI를 활용하여 이를 강화하는 방법은 다음과 같습니다.

①. **문체의 중심 축 설정:** AI에게 이야기의 중심 문체를 명확히 정의하도록 요청하세요. 문체는 이야기 전개와 캐릭터 성장을 이끄는 핵심 동력이어야 합니다.
- **예:** "주인공이 극복해야 할 주요 문체를 명확히 설정하고, 이를 해결하기 위한 세 가지 도전을 제안해주세요."
- **일관성 유지 팁:** 메인 플롯과 서브플롯에서 제기되는 문체들이 서로 연결되도록 조율합니다.

②. **톤의 통일성:** AI가 생성한 다양한 요소들이 이야기의 톤과 조화를 이루도록 주의를 기울이세요.
- **예:** "이야기 전체가 밝고 희망적인 톤을 유지하도록 각 주요 장면을 조정해주세요."
- **예:** "긴장감이 있는 장면에서도 어린 독자들이 부담을 느끼지 않도록 부드러운 언어를 사용해주세요."
- **톤 유지 팁:** AI가 제안한 내용을 검토하며, 주요 캐릭터의 대사와 행동이 전체적인 분위기와 일치하는지 확인합니다.

③. **문체와 톤의 조화:** 문체 해결 과정에서 톤이 지나치게 무겁거나 가벼워지지 않도록 조율합니다.
- **예:** "주인공이 겪는 어려움을 진지하게 다루되, 어린 독자들에게 희망과 용기를 줄 수 있는 표현으로 수정해주세요."

### 4.3.5 AI 활용 시 유의점

- **일관성 유지:** AI가 생성한 내용이 기존 설정과 조화로운지 검토합니다.
- **복잡성 조절:** 어린 독자에게 적합한 수준의 정보량과 플롯을 유지하세요.
- **주제 중심:** 확장된 내용이 이야기의 주제와 메시지를 강화하는지 확인합니다.

### 4.3.6 작가의 역할

AI는 이야기의 문제와 톤을 설정하고 유지하는 데 도움을 줄 수 있지만, 최종적인 조율과 통합은 작가의 몫입니다.

- **문제의 일관성:** 주요 갈등이 플롯의 각 단계에서 자연스럽게 발전하고, 이야기를 종결로 이끌 수 있도록 설정.
- **톤의 조화:** 이야기가 시작부터 끝까지 일관된 정서적 흐름을 유지하며, 독자에게 적합한 메시지를 전달하도록 조정.
- **전체적 검토:** AI가 제안한 내용이 플롯, 캐릭터, 메시지와 조화를 이루는지 종합적으로 검토.

# 3부

# 시각 콘텐츠 제작

# 5장

# AI로 이미지 생성 및 편집

1. 주요 AI 이미지 생성 도구 소개 (DALL-E, MidJourney 등
2. 이미지 생성을 위한 효과적인 프롬프트 작성법
3. AI 생성 이미지의 종합적 편집 및 개선 기법

# 5.1 주요 AI 이미지 생성 도구 소개 (DALL-E, MidJourney 등)

5장 AI로 이미지 생성 및 편집

AI 기술의 발전은 텍스트뿐만 아니라 이미지 생성 분야에서도 혁신을 가져왔습니다. 동화 작가들은 이러한 도구를 통해 상상의 세계를 시각화하고, 창의적인 일러스트레이션을 직접 제작할 수 있습니다. 아래는 동화 창작에 활용할 수 있는 주요 AI 이미지 생성 도구들의 특징과 활용 방안을 정리한 내용입니다.

## 5.1.1 DALL-E 2

- **특징:** OpenAI에서 개발한 AI 이미지 생성 도구로, 텍스트 설명을 바탕으로 고품질 이미지를 생성.
- **장점:** 다양한 스타일 구현, 고품질 이미지 생성, 직관적인 인터페이스.
- **단점:** 사용량에 따른 비용 발생, 제한된 콘텐츠 허용.
- **활용:** 캐릭터 디자인, 배경 및 장면 구현, 책 표지 제작.

## 5.1.2 Midjourney

- **특징:** 미드저니 웹, 스마트폰 앱, 디스코드를 기반으로 독특하고 예술적인 이미지 생성

에 특화
- **장점:** 창의적이고 감성적인 결과물, 사용자 커뮤니티의 활발한 아이디어 교환.
- **단점:** 디스코드 사용 학습 필요, 초기 진입 장벽.
- **활용:** 환상적인 장면 구현, 추상적 개념 시각화, 예술적인 일러스트레이션.

### 5.1.3 Stable Diffusion

- **특징:** 오픈 소스 AI 모델로, 로컬 환경에서 실행 가능하며 커스터마이징이 용이.
- **장점:** 무료 사용 가능, 프라이버시 보장, 높은 확장성.
- **단점:** 기술적 지식 필요, 초기 설정 복잡.
- **활용:** 다양한 스타일 실험, 특정 동화 스타일 구현, 상세한 배경 및 캐릭터 디자인.

### 5.1.4 Artbreeder

- **특징:** 기존 이미지를 조합 및 변형하여 새로운 이미지를 생성하는 도구.
- **장점:** 직관적인 인터페이스, 독특한 캐릭터 및 풍경 제작에 유용.
- **단점:** 세부적인 컨트롤 제한, 완전한 창작보다는 조합에 초점.
- **활용:** 캐릭터 얼굴과 표정 생성, 환상적인 배경 디자인.

### 5.1.5 NightCafe

- **특징:** 다양한 예술 스타일과 필터를 제공하는 웹 기반 도구.
- **장점:** 사용하기 쉬움, 초보자 친화적, 다양한 스타일 실험 가능.
- **단점:** 고급 기능 비용 발생, 세부적인 컨트롤 부족.
- **활용:** 컨셉 아트 제작, 다양한 스타일 일러스트레이션.

| 도구 | 특징 | 장점 | 단점 | 주요 활용 |
|---|---|---|---|---|
| DALL-E 2 | 텍스트 기반 고품질 이미지 생성 | 다양한 스타일, 고품질, 쉬운 사용 | 비용 발생, 제한된 콘텐츠 | 캐릭터, 배경, 표지 제작 |

| 도구 | 특징 | 장점 | 단점 | 주요 활용 |
|---|---|---|---|---|
| Midjourney | 미드저니 웹, 스마트폰 앱, 디스코드를 기반으로 창의적 이미지 생성 | 예술적 결과물, 커뮤니티 교류 | 초기 학습 필요, 진입장벽 | 환상적 장면, 추상적 개념 시각화 |
| Stable Diffusion | 오픈 소스 및 로컬 실행 가능 | 무료, 프라이버시, 확장성 | 기술적 지식 요구, 설정 복잡 | 스타일 실험, 배경, 캐릭터 디자인 |
| Artbreeder | 이미지 조합 및 변형 | 쉬운 사용, 독특한 이미지 | 세부 컨트롤 부족 | 캐릭터, 배경, 표정 디자인 |
| NightCafe | 다양한 예술 스타일 제공 | 초보자 친화적, 빠른 제작 | 세부 컨트롤 제한 | 컨셉 아트, 스타일 실험 |

<주요 AI 이미지 생성 도구 비교 표>

## AI 이미지 생성 도구 활용 시 유의점

- **저작권 문제:** AI로 생성된 이미지의 사용 및 배포 시 저작권 규정을 준수하세요. 특히 상업적 활용이 포함될 경우, 각 도구의 정책을 확인하는 것이 중요합니다.
- **예상치 못한 결과물:** AI가 항상 원하는 결과를 생성하지 않을 수 있으므로, 다양한 시도와 수정 과정을 통해 최적의 이미지를 얻으세요.
- **인간의 창의성 보완:** AI는 아이디어와 초기 제작에 유용하지만, 최종 판단과 감성적 터치는 작가의 몫입니다. AI 도구를 활용하면서도 작가의 창의성을 잃지 않는 것이 중요합니다.

AI 이미지 생성 도구는 동화 창작의 새로운 가능성을 열어줍니다. 텍스트로만 상상했던 세계를 시각화하고, 독창적인 일러스트레이션으로 작품의 매력을 더할 수 있습니다. 하지만 AI는 도구일 뿐, 최종적인 예술적 결정은 작가의 손에 달려 있습니다. AI와 인간의 창의력이 만나 만들어낼 무한한 가능성을 탐험해보세요.

# 5.2 이미지 생성을 위한 효과적인 프롬프트 작성법



AI 이미지 생성 도구는 텍스트를 기반으로 시각적 상상을 구현할 수 있는 강력한 도구입니다. 효과적인 프롬프트 작성은 원하는 결과를 얻기 위한 핵심으로, 특히 동화 일러스트레이션 제작에서 이야기의 분위기와 캐릭터의 특성을 생생히 표현할 수 있습니다. 아래는 프롬프트 작성법과 스타일 및 일관성을 유지하기 위한 전략을 제시합니다.

## 5.2.1 프롬프트 작성의 기본 가이드라인

①. **프롬프트의 핵심 요소:** 효과적인 프롬프트는 다음 요소를 포함해야 합니다.
- **주제:** 이미지의 주요 요소.
- **스타일:** 일러스트레이션의 아트 테크닉이나 분위기.
- **구도:** 이미지의 시각적 배치.
- **세부 설명:** 색상, 질감, 조명 등.
- **감정 및 분위기:** 이야기의 정서적 톤.
- **예시:** "A whimsical forest scene with a small red-hooded girl, watercolor style, soft pastel colors, enchanting and mysterious atmosphere, wide-angle view, dappled sunlight."

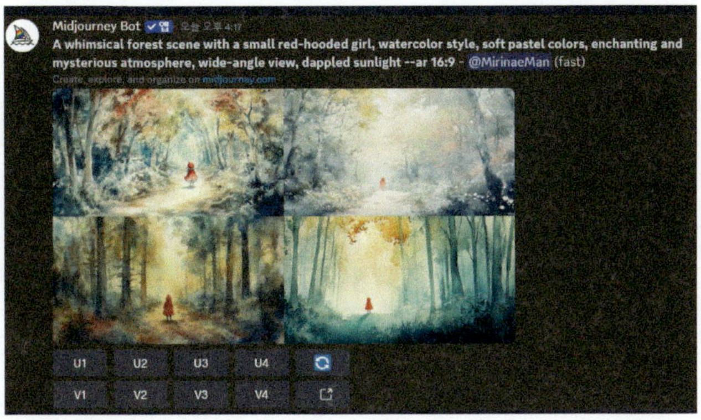


②. **구체적이고 명확한 설명:** "아름다운 소녀" 대신 "긴 금발 머리, 파란 눈, 12살 소녀"처럼 구체적으로 표현합니다.

③. **시각적 형용사와 세부 묘사:** "색상, 질감, 형태 등 시각적 형용사를 사용해 이미지를 생동감 있게 표현합니다.

- **예:** "dreamy golden sunlight filtering through dense, green forest leaves."

## 5.2.2 동화 일러스트레이션에 특화된 프롬프트 작성

①. **타겟 연령대와 스타일 반영**

- **예:** "For children aged 5-7, using soft pastel colors and playful, rounded shapes."

②. **스토리텔링 요소 포함**

- **예시:** "A young girl discovering magic for the first time, her eyes wide with wonder and awe."

③. **색상 팔레트와 텍스처**

- **예:** "A pastel color palette with smooth, watercolor-like textures."

## 5.2.3 Midjourney의 활용 전략

| 명령어 | 기능 | 예시 |
| --- | --- | --- |
| /imagine | 이미지 생성을 시작합니다. | /imagine prompt: a magical forest |
| --ar | 종횡비 설정 | --ar 2:3 |
| --q | 이미지 품질 조절 | --q 2 |
| --s | 스타일화 강도 조절 | --s 750 |
| --seed | 시드 값을 고정하여 일관성 유지 | --seed 1234 |

<주요 명령어와 매개변수>

①. **예시 프롬프트:** /imagine prompt: A young girl reading a magical book, soft pastel colors, children's book style, enchanted forest background --ar 2:3 --q 2 --s 750 —v 5

②. 이 프롬프트는 2:3 비율의 부드러운 색감을 가진 동화 스타일의 일러스트레이션을 생성합니다.

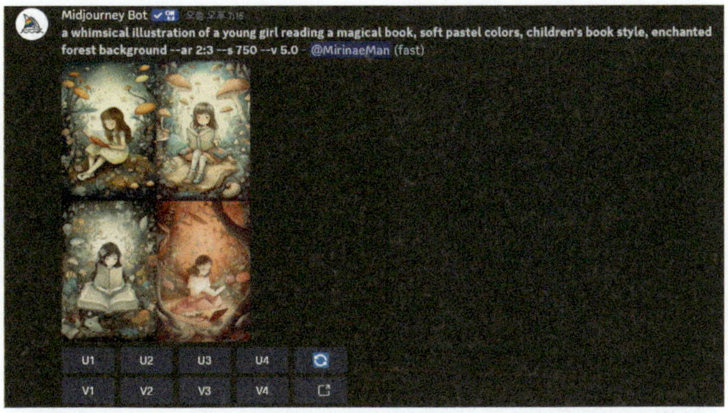


③. 이 이미지 중 마음에 드는 이미지를 선정

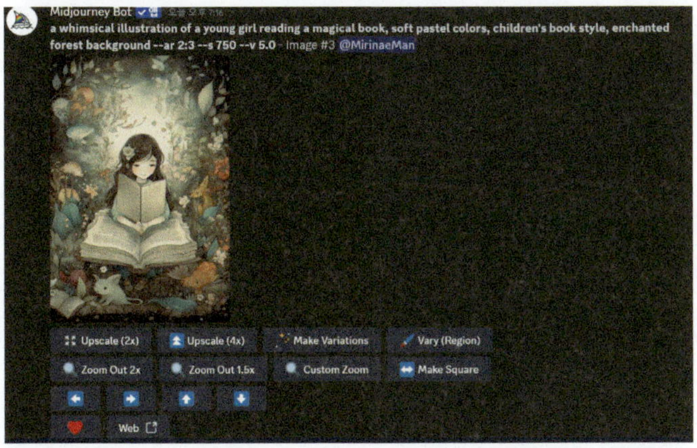


④. 3번 이미지가 마음에 들면 U3을 클릭. 여기서 약간의 변형을 원하는 경우 Variations를 선택하여 프롬프트를 조정한다.

## 5.2.4 스타일과 일관성 유지 전략

동화 일러스트레이션의 시각적 연속성을 유지하려면 다음 전략을 활용하세요.

①. **스타일 가이드 작성:** 색상 팔레트, 텍스처, 선의 특성, 조명 등을 문서화합니다.
  - **예시:** "Soft watercolor textures, pastel tones, glowing warm light."
②. **참조 이미지 활용:** 성공적으로 생성된 이미지를 참조로 활용하여 스타일을 유지합니다.
  - **Midjourney 명령어:** /imagine prompt: --cref [이전 이미지 URL]을 사용
③. **시드 값 고정:** 모든 프롬프트에 동일한 시드 값을 사용해 캐릭터와 스타일의 일관성을 유지합니다.
  - **예:** --seed 1234
④. **반복적 생성과 선별:** 다양한 프롬프트를 실험하여 최적의 이미지를 선택합니다.
⑤. **후처리 작업:** 포토샵 등 도구를 사용해 생성된 이미지를 보완합니다.

- **적용 작업:** 색상 조정, 질감 추가, 배경 통합.

**일관성 유지 프롬프트 템플릿**

[캐릭터 설명], [장면 설명], [스타일 설명], [색상 팔레트],
[질감], [분위기], --ar 2:3 --s 750 --v 5 --seed [고정 시드 값]

[캐릭터 설명], [장면 설명], [스타일 설명], [색상 팔레트],
[질감], [분위기], --ar 2:3 --s 750 --v 5 --cref [이전 이미지 URL]

### 5.2.5 실전 적용 팁

①. **초기 스타일 실험:** 다양한 스타일을 실험한 후 가장 적합한 가이드를 선택하세요.
②. **일관성 체크리스트 작성:** 색상, 질감, 조명 등 주요 스타일 요소를 정리해 참조합니다.
③. **커뮤니티 활용:** Midjourney와 같은 플랫폼의 커뮤니티에서 다른 사용자들의 프롬프트를 참고하고 아이디어를 얻으세요.

AI를 활용한 동화 일러스트레이션 제작에서 일관된 스타일 유지는 기술적 스킬뿐만 아니라 예술적 감각과 주의 깊은 관리가 필요한 과정입니다. 이는 AI의 기능을 최대한 활용하면서도 작가와 일러스트레이터의 창의적 비전을 구현하는 균형 잡힌 접근을 요구합니다.

일관성 있는 스타일은 독자들에게 더욱 몰입감 있는 경험을 제공하며, 동화의 전반적인 품질을 높이는 데 크게 기여합니다. AI는 이 과정에서 강력한 도구가 될 수 있지만, 최종적인 예술적 판단과 일관성 유지의 책임은 여전히 창작자에게 있음을 명심해야 합니다.

# 5.3 AI 생성 이미지의 종합적 편집 및 개선 기법

5장 AI로 이미지 생성 및 편집

AI로 생성된 이미지는 창작 과정의 훌륭한 시작점이 될 수 있습니다. 하지만 대부분의 경우, AI의 결과물을 그대로 사용하는 것보다는 작가의 손길을 더해 이미지를 세밀히 조정하고 개선하는 과정이 필요합니다. 이 과정은 동화의 시각적 완성도를 높이고, 이야기에 적합한 감성과 일관성을 부여하는 데 필수적입니다.

## 5.3.1 이미지 편집의 목적

AI가 생성한 이미지는 초안으로 활용됩니다. 편집 작업은 단순히 시각적 품질을 높이는 것 이상의 의미를 가지며, 다음과 같은 목표를 포함합니다.

- **이야기와의 일치성 강화:** 이미지가 동화의 내러티브와 감정적 맥락을 더욱 효과적으로 전달하도록 조정.
- **스타일의 일관성 유지:** 시각적 요소들이 하나의 통합된 세계관을 형성.
- **창의성 발현:** AI가 만들어낸 기반 위에 작가의 독창성을 더함.

## 5.3.2 기본 편집 요소

①. **색상 및 조명 조정**
- **색상 조화:** 동화의 주제와 분위기에 맞는 색상 팔레트를 사용.
- **조명 강조:** 하이라이트와 그림자를 활용해 깊이감과 드라마를 부여.
- **색온도 조절:** 따뜻한 톤은 편안한 느낌을, 차가운 톤은 신비한 분위기를 전달.

②. **구도와 구성 수정**
- **중심 포인트 강조:** 주요 캐릭터와 장면이 돋보이도록 구도를 조정.
- **시선 유도:** 선과 배치를 활용해 독자의 시선을 주요 요소로 이끎.
- **여백 조정:** 텍스트와 이미지가 자연스럽게 어우러지도록 공간 확보.

③. **디테일 추가 및 개선**
- **질감 보강:** 손그림이나 수채화 같은 아날로그적 느낌을 추가.
- **선명도 조정:** 주요 요소를 강조하고 덜 중요한 요소는 부드럽게 처리.

## 5.3.3 동화 특화 편집 전략

①. **연령대와 내러티브에 맞는 조정**
- **저연령 독자:** 단순한 구성과 밝은 색상으로 명확한 메시지 전달.
- **고연령 독자:** 복잡한 디테일과 섬세한 톤으로 몰입도 강화.

②. **감정과 상상력 표현**
- **감정적 연출:** 캐릭터의 표정과 포즈를 통해 감정을 강조.
- **숨은 디테일 추가:** 배경에 독자가 상상할 수 있는 흥미로운 요소 삽입.

## 5.3.4 AI와 작가의 조화

AI는 창작 과정을 가속화하지만, 최종 결과물은 작가의 감각과 비전이 더해져야 완성됩니다. 다음은 AI와 작가의 조화를 위한 핵심 전략입니다

- **AI의 초안 활용:** AI가 생성한 이미지를 출발점으로 사용.
- **재조정과 커스터마이징:** 포토샵이나 일러스트레이터를 활용해 구체적인 수정 작업 수행.
- **일관된 스타일 유지:** `

### 5.3.5 일관성을 유지하며 창의성을 더하는 방법

- **스타일 가이드 작성:** 색상, 조명, 구도, 질감 등을 정의한 가이드를 기반으로 작업.
- **피드백과 반복 수정:** AI와 작가의 편집 작업을 반복하며 최적의 결과물 도출.
- **AI의 재활용:** 수정된 이미지를 AI에 다시 입력해 추가적으로 개선.

AI 생성 이미지는 동화 창작의 시각적 여정을 시작하는 훌륭한 도구입니다. 그러나 그 결과물을 감동적이고 매력적인 작품으로 완성하는 것은 작가의 편집 과정에 달려 있습니다. AI의 효율성과 작가의 창의성이 결합될 때, 독자에게 강렬한 인상을 남길 수 있는 시각적 이야기가 탄생합니다.

# 6장

# 동화책의 시각적 완성

1. 동화책 스토리보드의 작성과 완성
2. InDesign을 활용한 동화책 제작 실습
3. Canva를 활용한 동화책 제작 실습
4. 표지 디자인과 레이아웃 구성
5. 더미북 만들기
6. 글자 아웃라인 처리방법

# 6.1 동화책 스토리보드의 작성과 완성



동화책의 스토리보드는 이야기를 시각적으로 계획하는 핵심 단계입니다. 이는 텍스트와 이미지를 조화롭게 배치하여 독자들에게 매력적이고 몰입감 있는 경험을 제공하기 위해 필수적인 작업입니다. 스토리보드 작성은 동화책 제작의 전반적인 방향성을 정립하고, 각 페이지의 시각적 구성을 명확히 하는 과정으로, 동화책의 시각적 완성도를 높이는 데 중요한 역할을 합니다.

## 6.1.1 스토리보드의 목적

스토리보드는 다음과 같은 목표를 가지고 작성됩니다.

- **이야기의 흐름 정리:** 스토리의 주요 사건과 전환점을 시각적으로 구조화.
- **텍스트와 이미지의 조화:** 텍스트와 이미지를 효과적으로 배치하여 독자에게 자연스럽게 이야기를 전달.
- **시각적 일관성 확보:** 전체 동화책의 스타일, 색상, 구도가 조화를 이루도록 계획.
- **독자의 시선 유도:** 페이지 전환 시 자연스러운 시선 이동과 몰입감 제공.

## 6.1.2 스토리보드 작성 단계

①. **전체 이야기 분할**

- **페이지 계획:** 이야기의 시작, 전개, 절정, 결말을 각 페이지에 적절히 배치합니다.
- **예:** 32페이지로 구성된 전통적 동화책에서는 시작(4-6페이지), 전개(18-20페이지), 절정(4-6페이지), 결말(2-4페이지)의 비율로 배분.
- **장면 전환 설정:** 각 장면의 감정과 긴장도를 고려하여 페이지별로 주요 사건을 배치합니다.

②. **텍스트와 이미지의 상호작용**

- **텍스트 분량 분배:** 페이지마다 균형 잡힌 텍스트 양을 배치하여 독자가 부담 없이 읽을 수 있도록 조정합니다. 한 페이지에 50~150단어가 적합합니다.
- **이미지와 텍스트의 역할 분리:** 텍스트는 핵심 내용을 전달하고, 이미지는 텍스트의 감정과 분위기를 시각적으로 보완.
- **예:** "소녀가 숲에서 길을 잃었다"는 텍스트로 간략히 설명하고, 숲의 어두운 분위기와 소녀의 표정을 이미지를 통해 강조.

③. **구도와 페이지 설계**

- **이지 레이아웃 결정:** 단일 이미지 페이지, 분할된 패널, 텍스트와 이미지의 조합 등 다양한 구성을 고려합니다.
- **예:** 클라이맥스 장면에는 풀페이지 일러스트를 활용해 감정적 충격을 강조.
- **시선 흐름 설계:** 독자의 시선이 페이지의 주요 포인트를 자연스럽게 따라가도록 시각적 요소 배치.
- **예:** 캐릭터의 시선 방향이나 선형 요소를 통해 시선을 유도.

④. **스타일과 톤 통일**

- **일관된 색상 팔레트:** 스토리보드 단계에서 각 장면에 어울리는 색상을 결정해 전체적인 시각적 통일성을 유지.
- **예:** 행복한 장면은 따뜻한 색조, 긴장감 있는 장면은 차가운 색조 사용.
- **캐릭터와 배경 스타일 정립:** 모든 페이지에서 동일한 캐릭터 디자인과 배경 스타일 유지.

⑤. **시각적 강조 요소 추가**

- **클라이맥스 강조:** 주요 사건이나 절정 부분은 페이지 구성이나 색감으로 강조.
- **예:** 밝고 생동감 있는 장면에서 갑작스러운 어두운 톤으로 전환해 긴장감을 표현.
- **숨은 디테일 활용:** 반복되는 모티프나 상징을 추가하여 독자에게 발견의 즐거움을 제공.

### 6.1.3 스토리보드의 완성

①. **초기 드래프트 작성**
- **스케치 및 텍스트 배치:** 간단한 드로잉과 텍스트를 스케치 형태로 페이지에 배치합니다.
- **검토와 피드백:** 스토리의 흐름과 시각적 구성이 자연스러운지 동료나 편집자의 의견을 반영하여 수정.

②. **세부 조정**
- **구성 개선:** 페이지 전환이 매끄럽고 긴장감이 유지되도록 스토리보드를 조정.
- **텍스트 크기와 폰트 설정:** 어린 독자들이 쉽게 읽을 수 있도록 적절한 글씨 크기와 폰트 사용.

③. **컬러와 디테일 추가**
- **색상 및 질감 적용:** 각 장면에 적합한 색상과 질감을 추가해 감정적 깊이 강화.
- **상세 묘사 추가:** 캐릭터의 표정, 배경 요소 등 디테일을 세밀하게 계획.

④. **최종 검토 및 확정**
- **시각적 스토리 검증:** 전체 스토리보드가 동화의 메시지와 감성을 효과적으로 전달하는지 최종 점검.
- **일관성 확인:** 모든 페이지의 스타일, 톤, 구도가 통일감을 이루는지 확인.

### 6.1.4 스토리보드 제작의 AI 활용

AI 도구를 활용하면 스토리보드 작성 과정이 더욱 창의적이고 효율적으로 이루어질 수 있습니다.

- **이미지 시각화:** Midjourney, DALL-E와 같은 AI 도구를 사용해 장면 초안을 빠르게 생성.
- **텍스트와 이미지 조합 테스트:** 텍스트와 이미지의 시각적 조화를 확인하기 위한 시뮬레이션.
- **반복 작업 지원:** AI를 활용해 다양한 레이아웃과 스타일 실험.

스토리보드는 동화책 제작의 필수 단계로, 이야기를 시각적으로 구체화하고 독자 경험을 최적화하는 데 중요한 역할을 합니다. 이 과정은 텍스트와 이미지를 조화롭게 결합하며, 이야기의 흐름과 감정을 효과적으로 전달할 수 있도록 돕습니다. 창작자는 스토리보드를 통해 작품의 전체적인 비전과 세부 구성을 명확히 할 수 있으며, AI 도구는 이 작업을 더욱 창의적이고 효율적으로 만드는 강력한 도구로 활용될 수 있습니다.

스토리보드 작성은 단순한 작업이 아니라, 동화의 이야기를 눈앞에 펼쳐지는 생생한 경험으로 만들어가는 창작 과정의 핵심입니다.

# 6.2 InDesign을 활용한 동화책 제작 실습

6장 동화책의 시각적 완성

## 6.2.1 InDesign을 활용한 편집

### i. 책 판형을 선택합니다

책 제작의 첫 단계는 책 판형, 즉 책의 크기를 결정하는 일입니다. 책의 판형은 콘텐츠의 성격, 대상 독자층, 인쇄 및 유통 방식에 따라 달라질 수 있습니다. 동화책의 경우, 양장본과 무선제본이 주로 사용되며, 책의 크기와 형태가 시각적 경험에 중요한 영향을 미치므로 신중히 선택해야 합니다.

①. **교보문고 POD 기준으로 판형 선택하기:** 교보문고 POD 파트너 페이지: 교보문고 POD 플랫폼을 활용하면 다양한 판형 옵션과 제작 가이드를 확인할 수 있습니다. 파트너 페이지 하단의 매뉴얼을 참조하여 적합한 판형을 선택하세요.

동화책의 양장본은 A4 사이즈가 제공되지 않으므로 다른 판형 옵션을 고려해야 합니다.

**추천 판형**

46배판 (188mm × 257mm)
48배판 (210mm × 297mm)

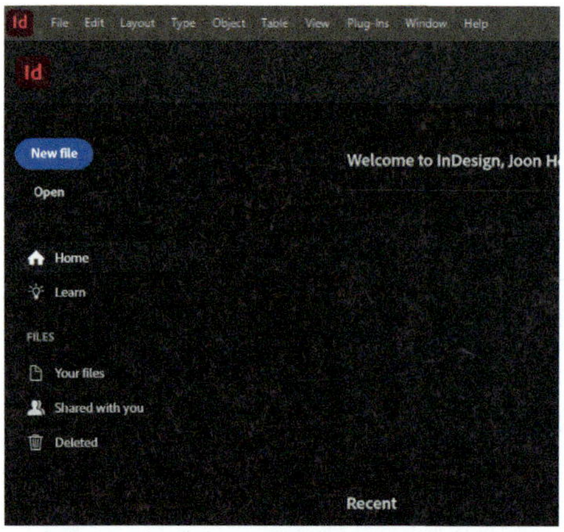


②. **인디자인에서 판형 설정**

- 새 파일 생성
- 인디자인을 열고 **[New File]**을 클릭합니다.

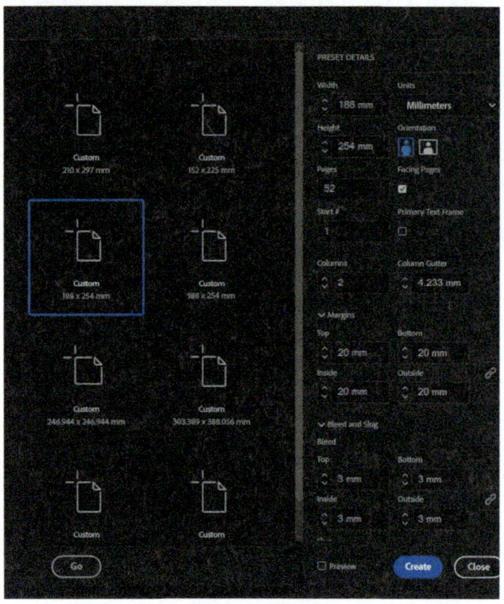


- 선택한 책 판형(예: 46배판)을 입력합니다.

③. **여백(Margins)과 재단선(Bleed) 설정**

- **Margins:** 텍스트와 이미지의 적절한 여백을 설정합니다. 동화책의 경우 여백은 10~20mm로 설정하는 것이 일반적입니다.
- **Bleed:** 이미지가 페이지 끝까지 채워질 경우를 대비해 최소 3mm 이상으로 설정합니다. 이는 잘린 부분에서 흰 여백이 생기는 것을 방지합니다.

④. **페이지 구성**

- **표지와 본문 페이지 구성:** 책 표지와 내지 페이지를 분리하여 설정합니다.
- 내지 첫 페이지는 비워두고, 실제 콘텐츠는 2페이지부터 시작합니다.

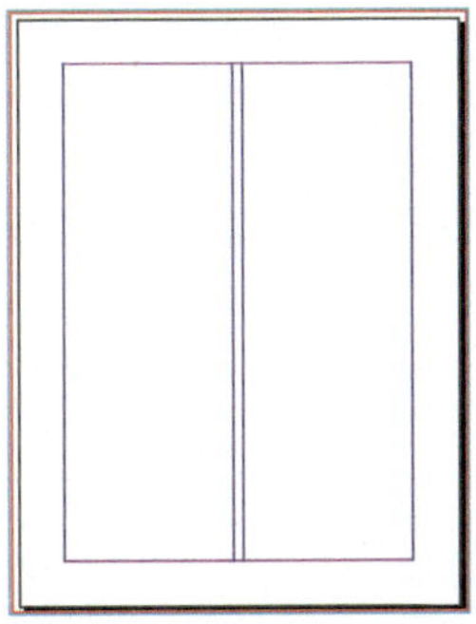

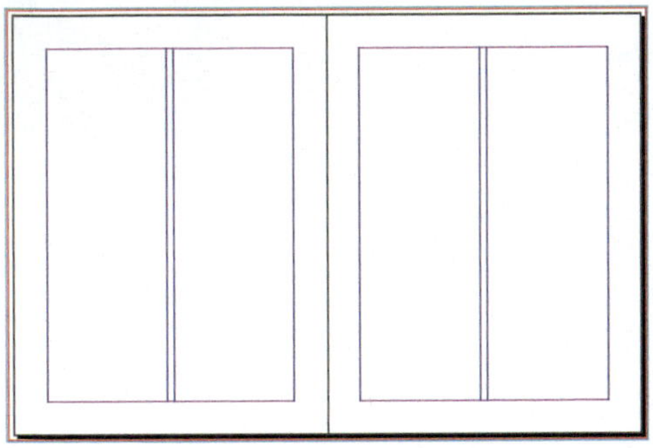

3페이지에 보통
책 표지 타이틀을 입력합니다.

## ii. 동화책 대상 연령에 따른 서체와 텍스트 설정

- **서체 선택**
  - **4~7세 대상:** 명조체나 굴림체와 같은 깔끔하고 읽기 쉬운 글꼴 권장.
  - **권장 서체:** 나눔명조, 맑은고딕, IBM Plex Sans.
- **폰트 크기와 행간**
  - **폰트 크기:** 18~20pt
  - **행간:** 1.5배 정도 (예: 24~28pt)

①. **텍스트 설정:** 인디자인의 [Character] 및 [Paragraph] 창에서 텍스트 크기, 행간, 자간을 설정합니다.

- **정렬:** 왼쪽 정렬 또는 양쪽 정렬을 선택하여 가독성을 유지합니다.

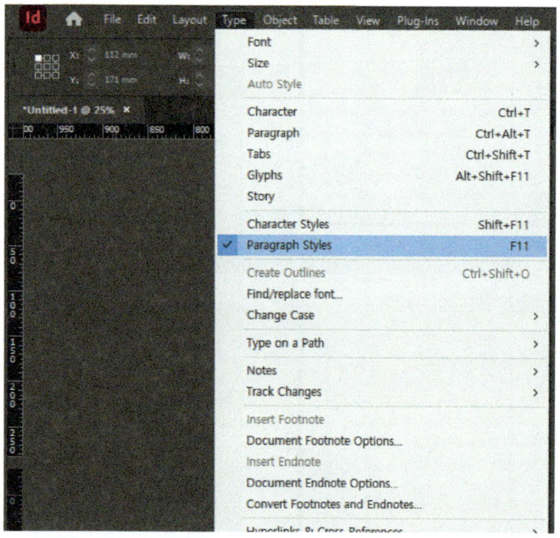


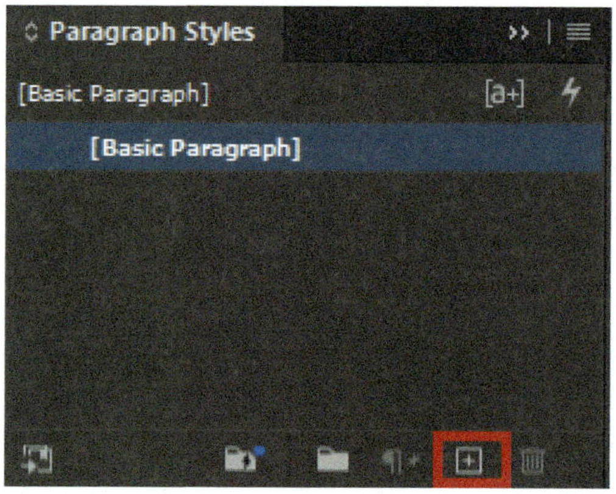

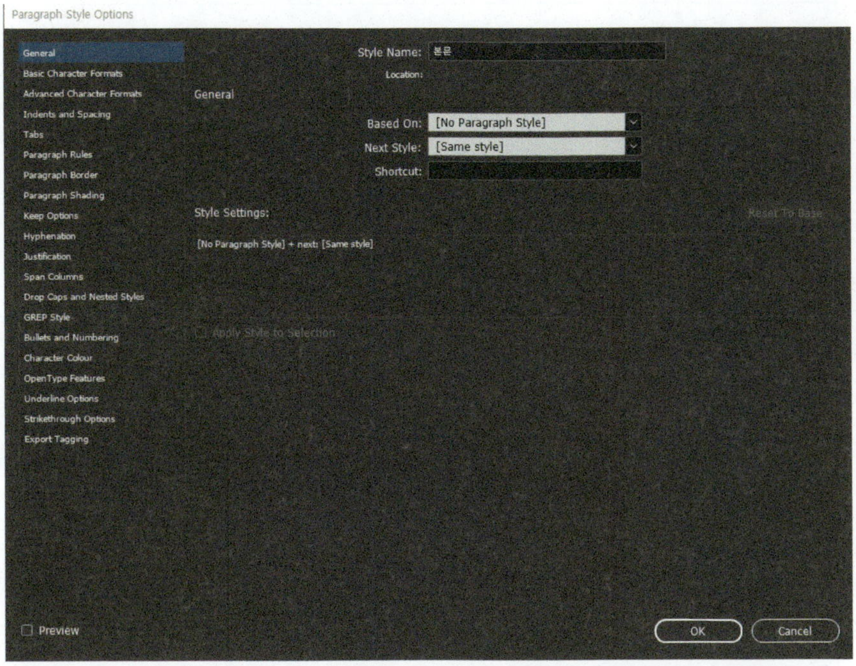
Paragraph Style Options
General
Basic Character Formats
Advanced Character Formats
Indents and Spacing
Tabs
Paragraph Rules
Paragraph Border
Paragraph Shading
Keep Options
Hyphenation
Justification
Span Columns
Drop Caps and Nested Styles
GREP Style
Bullets and Numbering
Character Colour
OpenType Features
Underline Options
Strikethrough Options
Export Tagging
Style Name: 본문
Location:
General
Based On: [No Paragraph Style]
Next Style: [Same style]
Shortcut:
Style Settings:
[No Paragraph Style] + next: [Same style]
Preview
OK
Cancel

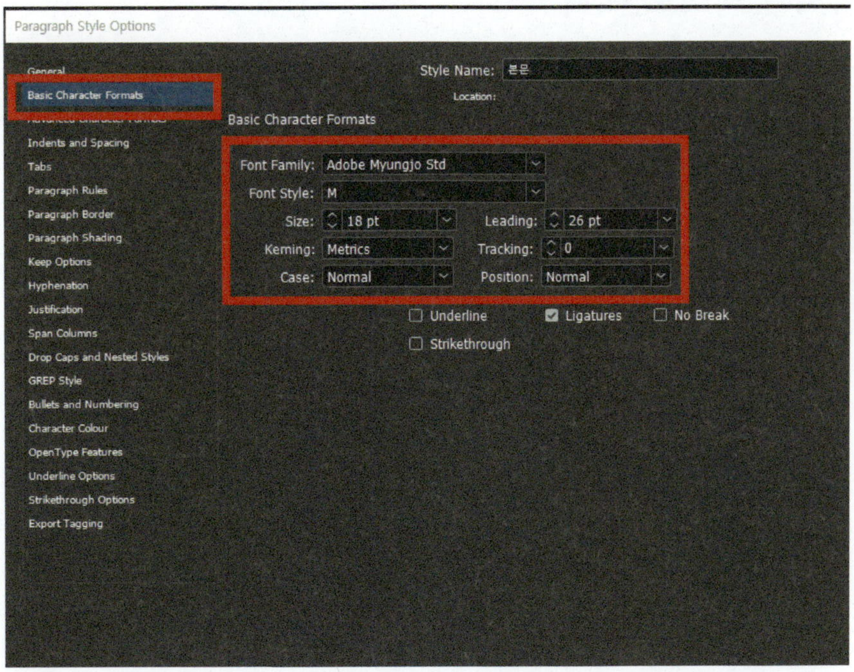
Paragraph Style Options
General
Basic Character Formats
Indents and Spacing
Tabs
Paragraph Rules
Paragraph Border
Paragraph Shading
Keep Options
Hyphenation
Justification
Span Columns
Drop Caps and Nested Styles
GREP Style
Bullets and Numbering
Character Colour
OpenType Features
Underline Options
Strikethrough Options
Export Tagging
Style Name: 본문
Location:
Basic Character Formats
Font Family: Adobe Myungjo Std
Font Style: M
Size: 18 pt
Leading: 26 pt
Kerning: Metrics
Tracking: 0
Case: Normal
Position: Normal
Underline
Ligatures
No Break
Strikethrough

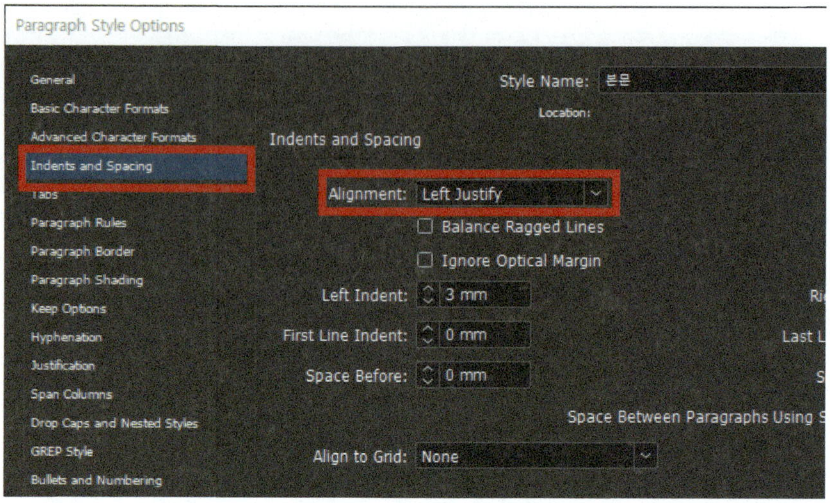


②. **페이지 번호와 판권 설정:** 판권 페이지는 마지막 페이지에 추가하며, 책 제목, 저자명, 발행일 등을 포함합니다.

## iii. 이미지와 텍스트 배치

### 미드저니에서 생성한 캐릭터 이미지를 인디자인에 삽입하기

①. [사각형 프레임 도구 ]로 그림이 들어갈 프레임을 만들고 Ctrl + D를 눌러 그림을 가져옵니다.

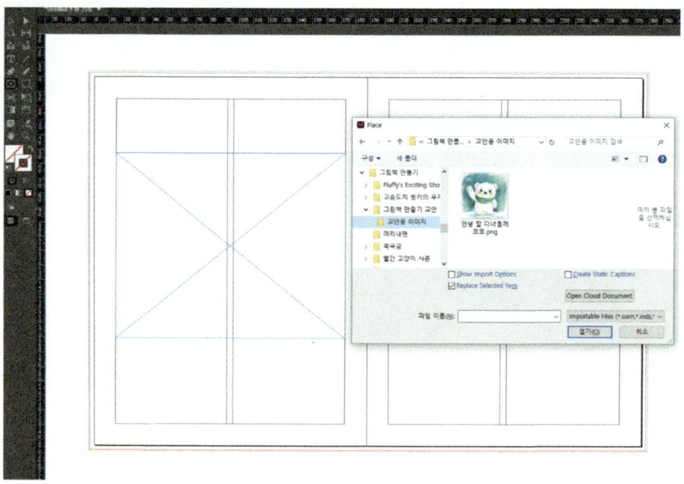

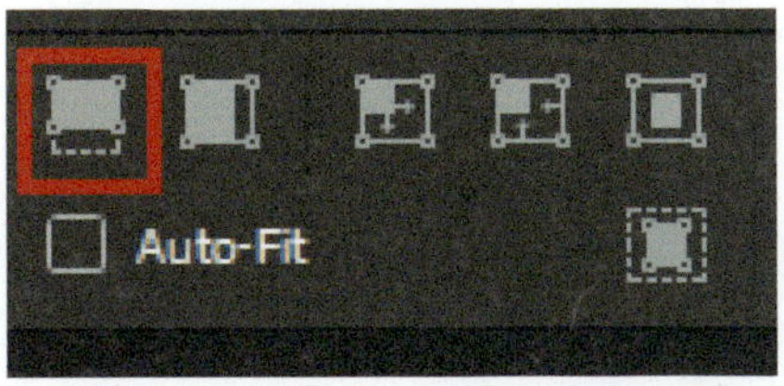


②. [속성] 패널에서 [비율에 맞게 프레임 채우기]를 선택합니다. 배치한 이미지를 선택한 프레임에 가득 채울 수도 있고 Auto-Fit을 선택하면 이미지와 선택 영역이 함께 커지거나 작아집니다.

③. **이미지 조정:** 프레임 내부에서 이미지를 이동하거나 크기를 조정하려면 **프레임 안의 원(circle)**을 클릭하여 조작합니다. 배경 이미지는 Bleed 선 밖까지 확장하여 인쇄 시 잘리는 부분을 고려합니다.

④. **텍스트와 이미지의 조화:** 텍스트가 잘 보이지 않을 경우, 인디자인의 효과(예: 그림자, 반투명 배경)를 사용해 텍스트를 돋보이게 만듭니다.

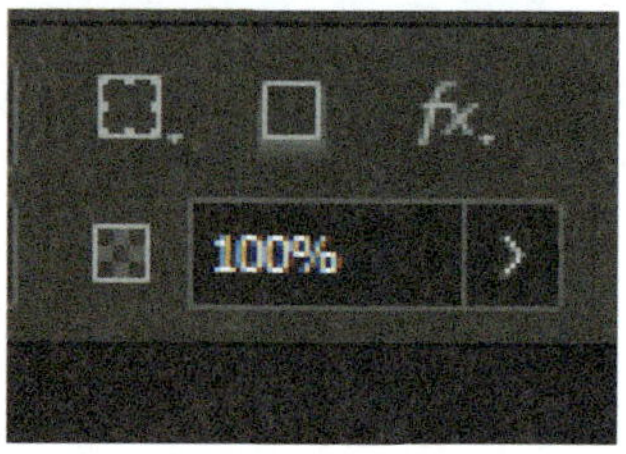

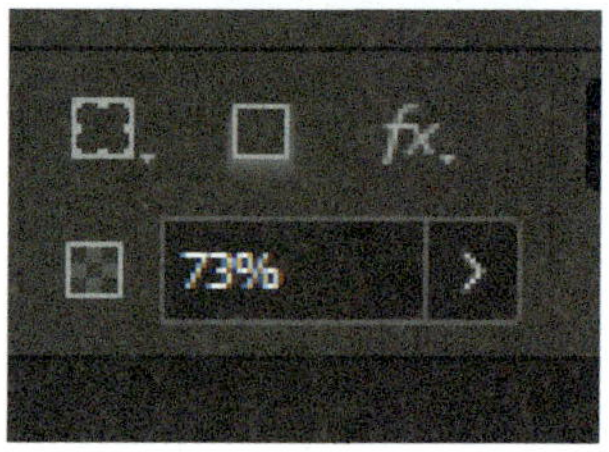


## iv. AI 도구와 인디자인을 활용한 이미지 편집

①. **미드저니로 배경 이미지 생성**

- **예:** /imagine prompt: Vibrant rainbow arching across sky, forest clearing, colorful flowers, pastel clouds, watercolor style, children's book illustration —ar 3:2

- 배경 이미지를 생성한 후, 페이지의 Bleed 선을 넘도록 배치합니다.

②. **포토샵을 사용한 추가 편집**

- **불필요한 요소 삭제:** 포토샵의 Lasso Tool과 Generative Fill 기능을 활용해 배경에서 필요 없는 요소를 제거합니다.

## 인디자인 효과 적용하기

배경과 캐릭터 이미지가 너무 이질적으로 보이지요.
이제 효과를 주도록 하겠습니다.

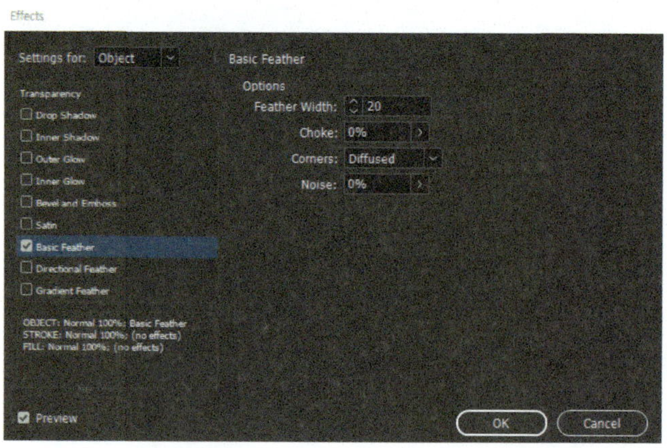

요정의 뒷배경을 제거하지 않았는데도 무지개 위에 앉아있는 듯한 뭔가 요정다운 모습이 되었습니다.

모든 캐릭터 뒷 배경을 다 날릴 필요는 없습니다.

분위기와 설정에 따라 이렇게 인디자인에서 효과를 주는 것 만으로 표현해줄 수 있습니다.

## 실제 작업 예시

/imagine prompt Tall giraffe bending down to greet hedgehog children's book illustration, watercolor style, soft pastel colors, whimsical, charming —ar 3:2

미드저니에서 생성한 기린 이미지입니다. 여기 고슴도치도 함께 있네요.
우리에게 불필요한 고슴도치은 지워보도록 하겠습니다.
그리고 기린이 너무 크게 그려진 것 같아 하늘 배경을 더 늘려보도록 하겠습니다.
이제 포토샵에서 편집을 해보도록 하겠습니다.

이미지 확장: 기린이나 돼지처럼 주요 캐릭터의 크기 조정 및 배경 확장을 위해 Generative Fill을 사용.

이제 기린이 좀 작아지고 하늘이 더 많이 보였으면 좋겠습니다.

포토샵에서 두 layers를 합치고 전체 이미지를 선택하고 복사합니다. 새로운 파일을 열어 복사한 파일을 붙여놓고 원하는 기린 사이즈로 위치를 잡고 빈 공간을 채워봅니다. 아까와 같은 방법으로 Generative fill을 사용하면 ai가 자동으로 빈 공간을 채워줍니다.

③. **배경 확장 미드저니 웹 활용:** 미드저니 웹으로 접속을 하면 그 동안 내가 생성한 모든 이미지를 볼 수 있습니다.

- 왼쪽 Organize를 선택 후 원하는 이미지를 선택 한 후 오른쪽 하단에 Edior를 누릅니다.

- 이미지 사이즈를 변경할 수 있으며 원하는 위치에 놓은 후 Submit를 누르면 원하는 비율로 변경도 가능하고 배경이미지 확장도 가능합니다.

④. **캐릭터 배치**

## 실제 작업 예시

■ 기린과 돼지가 한 페이지에 들어갈 수 있도록 구성

미드저니에서 한번에 원하는 두 캐릭터를 모두 그리기가 어려워서 각각의 캐릭터를 생성한 후 합성합니다.

예: /imagine prompt: A cheerful pig with a bright pink snout, children's book illustration, watercolor style, soft pastel colors, whimsical —ar 3:2

옆모습 돼지 친구가 맘에 들어서 포토샵에서 이 친구만 선택합니다.

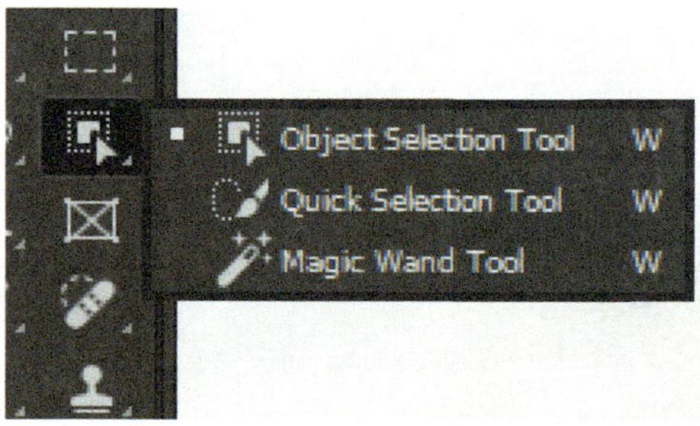


복잡하지 않은 이미지는 Object Selection Tool을 이용하고 선택이 안된 부분이나 빼야할 부운은 Quck selection Tool을 이용해서 누끼를 땁니다.

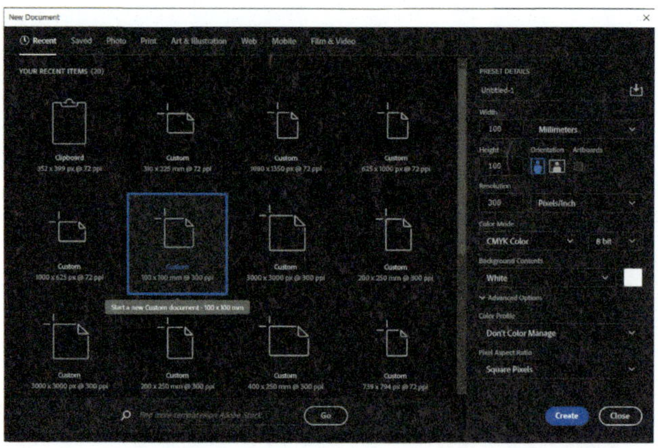


새파일을 만들어줍니다. 우리는 인쇄를 목적으로하니 가급적 설정할때부터 CMYK color, 100 mm X 100mm로 설정합니다.

이렇게 자동으로 이미지 선택을 하면 꼬리가 빠져있는 경우가 있지요. 그럼 다시 작업합니다.

배경을 체크하지 않으면 자동으로 배경은 투명으로 설정됩니다.

이제 기린과 돼지를 적절하게 배치합니다.

## 텍스트 배치

일러스트 구성 시 텍스트가 들어갈 공간을 미리 고려하세요.

InDesign에서 텍스트 배치 시 그림자, 외곽선 등의 효과를 활용하여 가독성을 높일 수 있습니다.

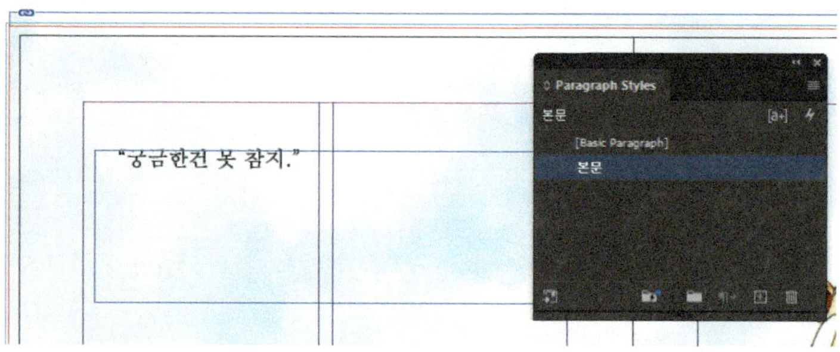


글 상자를 눌러서 원하는 곳에 텍스트를 배치합니다.

미리 작성해 놓은 스트립트가 있으면 불러올 수 있습니다. Paragraph Styles에서 미리 설정한 본문을 누르면 자동으로 글꼴 및 행간, 자간이 맞춰집니다.

막상 배치해보니 행간과 자간 등이 마음에 들지 않을 시 수정하면 됩니다.

### 작업 도중에 여백 설정을 수정하고 싶어요.

작업을 하다보면 처음 생각한 것보다 여백이 부족하거나 반대로 넓다고 느낄 수 있어요. 이럴 때는 메뉴에서 [파일→문서 설정]을 선택해 [문서 설정] 창을 열고 여백을 수정하면 됩니다.

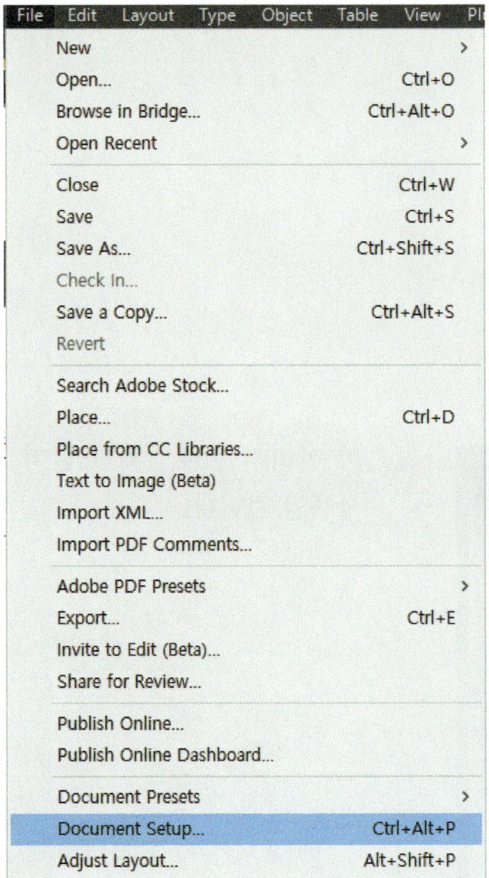


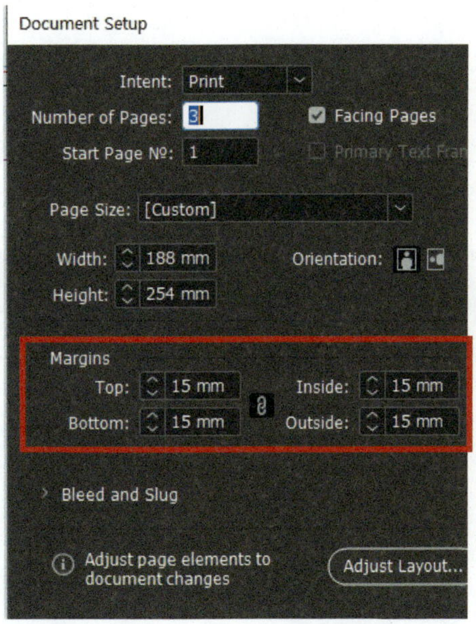

## 파일 점검

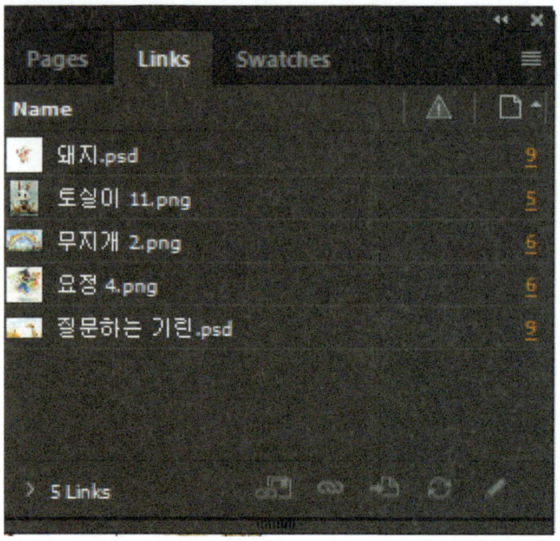


Link를 누르시면 삽입한 이미지를 확인하실 수 있습니다.

미드저니는 기본적으로 png파일로 이미지를 만들어 주기 때문에 반드시 인쇄용 CMYK color mode로 설정을 바꿔주어야 합니다.

## 포토샵에서 색상 모드 변경하기

①. 포토샵에서 이미지를 가져옵니다.

②. 이 이미지는 배경제거 없이 그대로 사용할 겁니다.

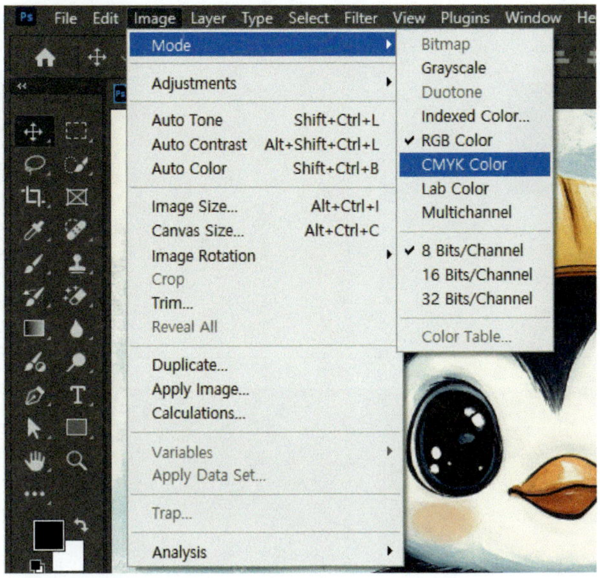


③. 메뉴에서 [이미지→모드→CMYK 색상]을 선택합니다.

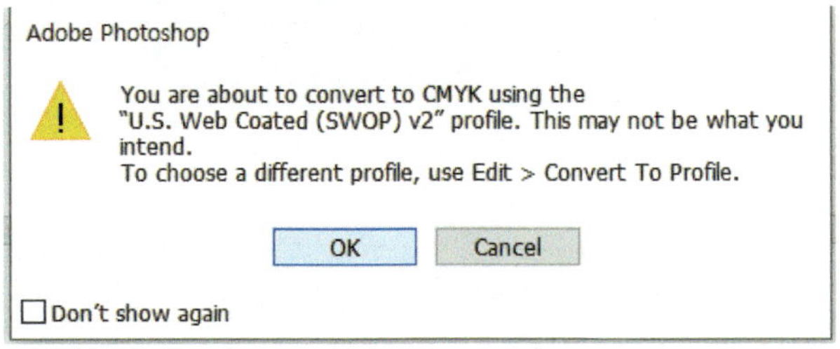


④. Ok를 누릅니다.

## 해상도 변경하기

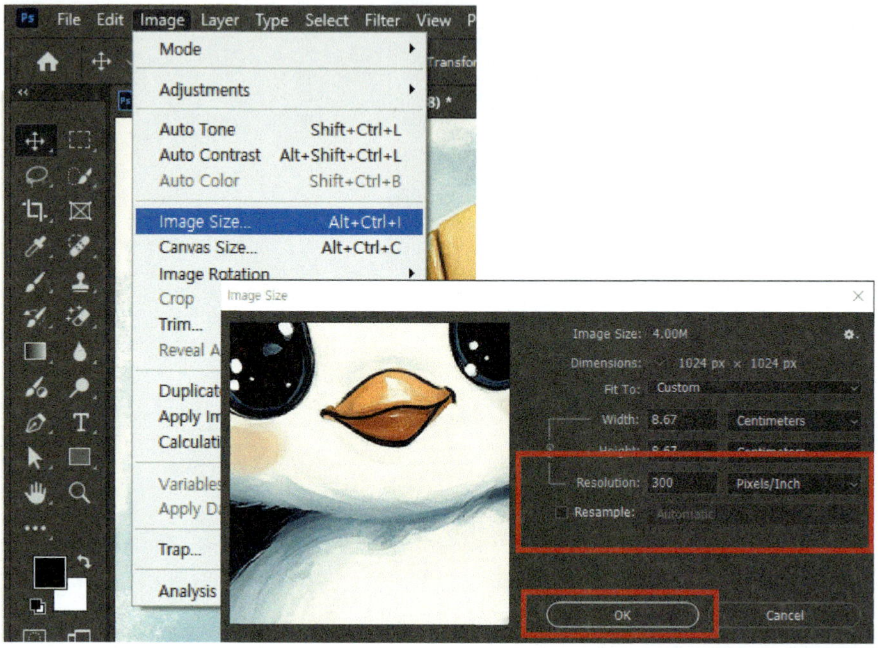


메뉴에서 [이미지→이미지 크기]를 선택합니다. [리샘플링]의 체크 표시를 해제하고 [해상도]에 300을 입력합니다.

## 색상보정하기

①. 색을 조금 더 산뜻하게 조절하고 싶다면 Ctrl + U를 눌러 [색조/채도]창을 열어주세요.

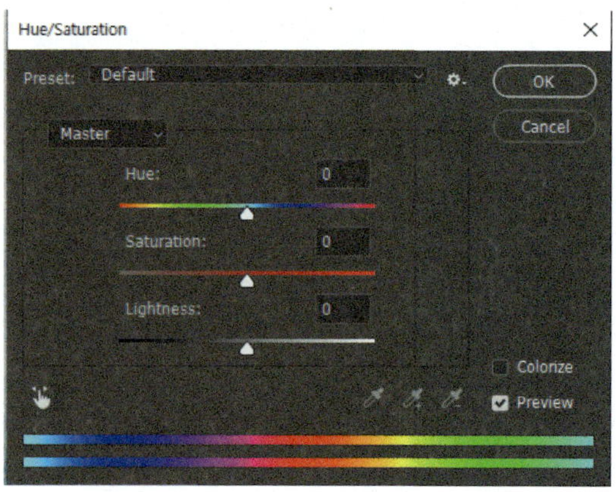


②. 원하는 색조와 채도를 조절하세요.

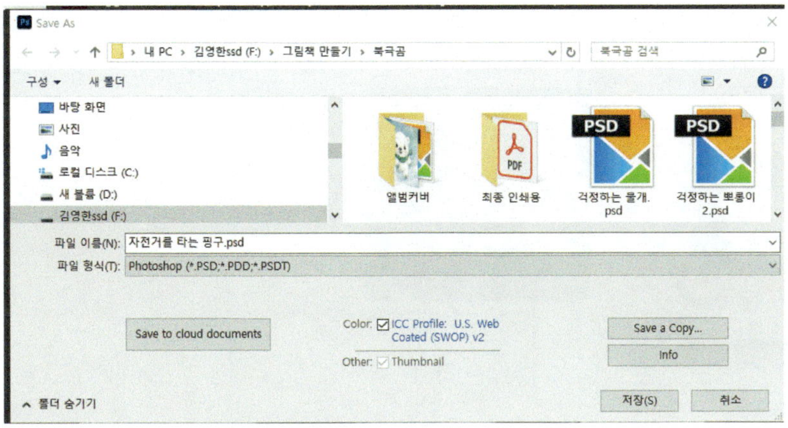


③. PSD파일로 저장합니다. 이제 인디자인에서 png 파일로 배치한 파일을 psd파일로 교체해줍니다.

④. 인쇄용 CMYK color mode, 300dpi로 변경이 되었습니다.

## 인디자인 package 활용하기

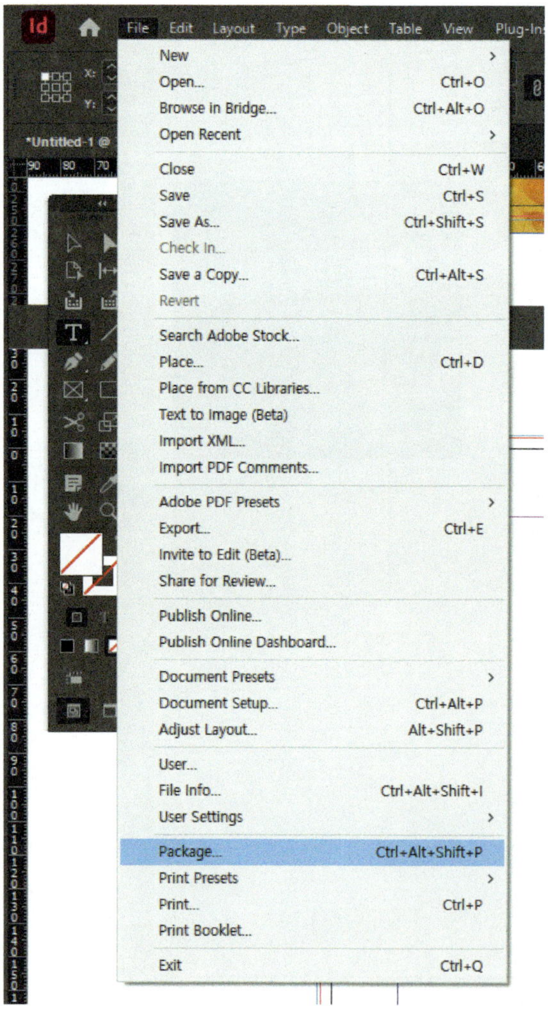


①. 혹시 RGB 컬러로 되어 있는 파일이 있는지 LInk에서 확인을 해도 되지만 인디자인 package를 이용하면 사용된 모든 파일을 하나의 폴더로 관리할 수 있고 인쇄를 넘기기전 CMYK 설정이 되지 않은 이미지가 있는지 확인할 수도 있어 편리합니다.

②. 경고 메시지가 있는걸 확인할 수 있습니다.

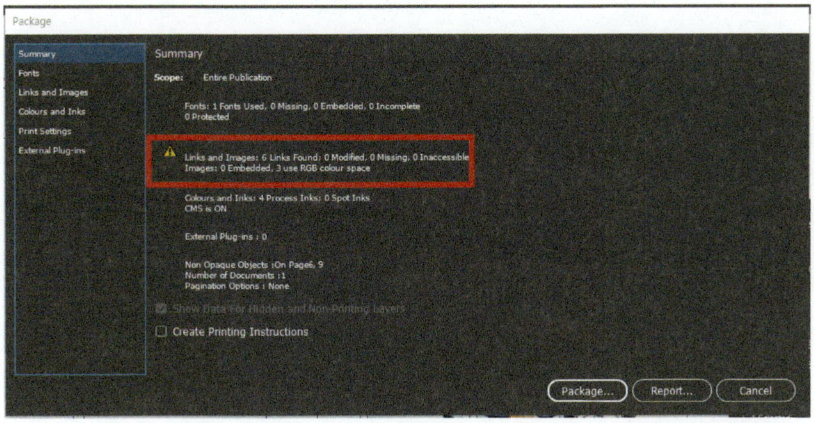


③. 상업용으로 사용이 금지되어 있는 저작권 문제가 있는 글꼴이 있는지 RGB 모드 이미지가 있는지 살펴볼 수 있습니다. 몇페이지에 있는 이미지인지도 확인할 수 있으니 반드시 마지막 단계에서 점검하시고 package로 묶어 놓으면 추후 수정사항이나 파일 관리하실 때 편리합니다.

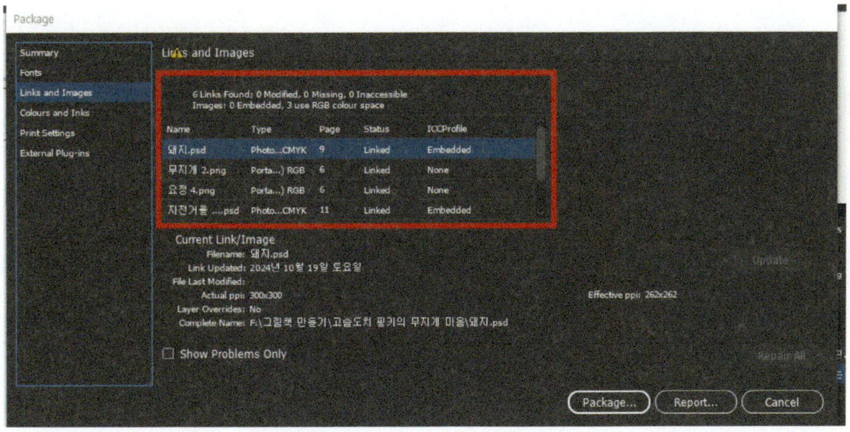


| | | |
|---|---|---|
| 고슴도치 핑키 표지-무선제본 2 Folder | 2024-09-03 오후 8:23 | 파일 폴더 |
| 고슴도치 핑키 표지-양장본 Folder | 2024-09-03 오후 8:23 | 파일 폴더 |
| 고슴도치 핑키의 무지개 마음 Folder | 2024-09-03 오후 7:56 | 파일 폴더 |
| 고슴도치 핑키 표지.jpg | 2024-09-05 오후 4:20 | JPG 파일 |

## 판권 넣기

전체 원고가 마무리되면 이제 판권을 넣도록 합니다.

교보문고POD에서 제공하는 판권정보를 불러와서 넣어주시면 됩니다.

[도서명을 입력해주세요]

| | |
|---|---|
| 발행일 | 0000년 00월 00일 |
| 지은이 | 홍길동 |
| 발행처 | 퍼플 |
| 출판등록 | 제300-2012-167호 (2012년 09월 07일) |
| 주 소 | 서울시 종로구 종로1가 1번지 |
| 대표전화 | 1544-1900 |
| 홈페이지 | www.kyobobook.co.kr |

ⓒ 홍길동 2017

본 책 내용의 전부 또는 일부를 재사용하려면
반드시 저작권자의 동의를 받으셔야 합니다.

Paragraph Styles에 판권항목을 하나 더 만들어 놓으면 글꼴과 행간 등을 조정할 수 있습니다.

# QR코드 넣기

①. QR코드를 인디자인에서 바로 넣을 수 있습니다.

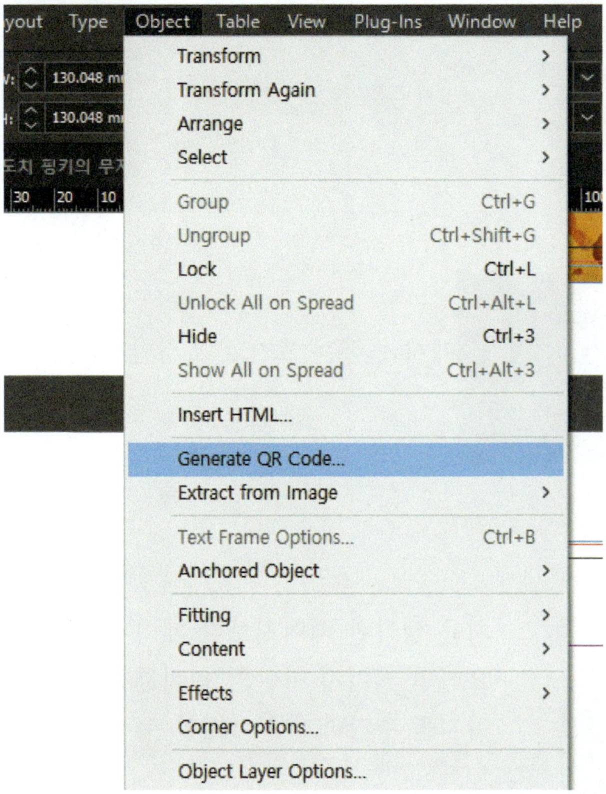


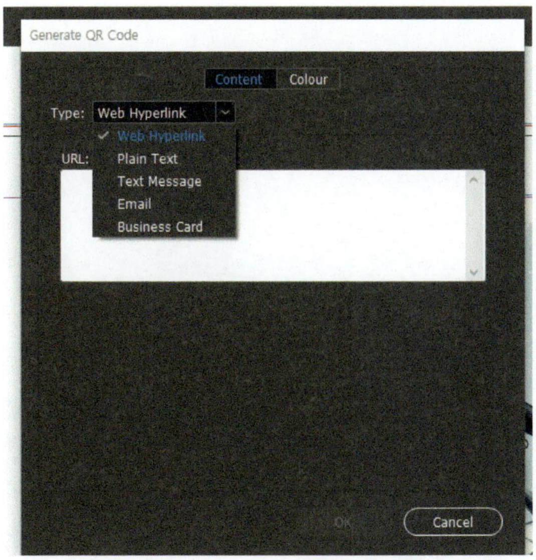


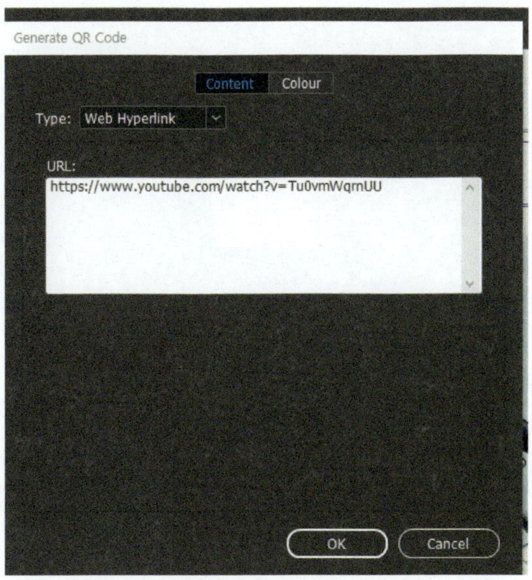

②. 원하는 사이즈로 배치합니다.

③. 크기 조정은 상단에 

에서 원하는 크기로 조정합니다.

## 페이지 추가

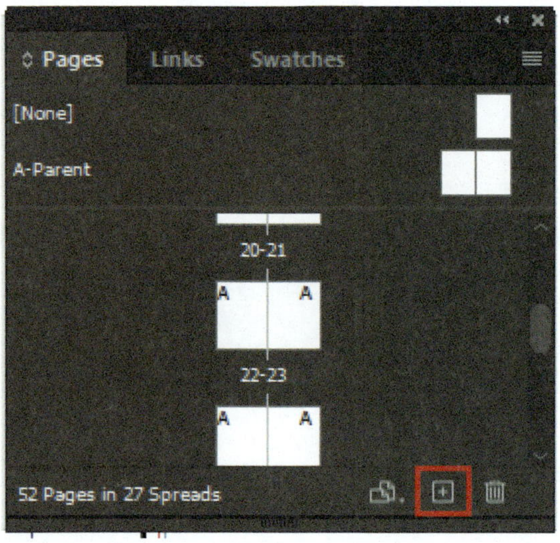


처음 생각한 페이지보다 페이지가 더 필요하면 페이지 하단의 + 버튼을 눌러 페이지를 추가하거나 삭제할 수 있습니다.

## 페이지 번호 넣기

①. 페이지 페널을 열고 [A-마스터]마스터 페이지를 더블클릭하면 이렇게 마스터 페이지가 나옵니다.

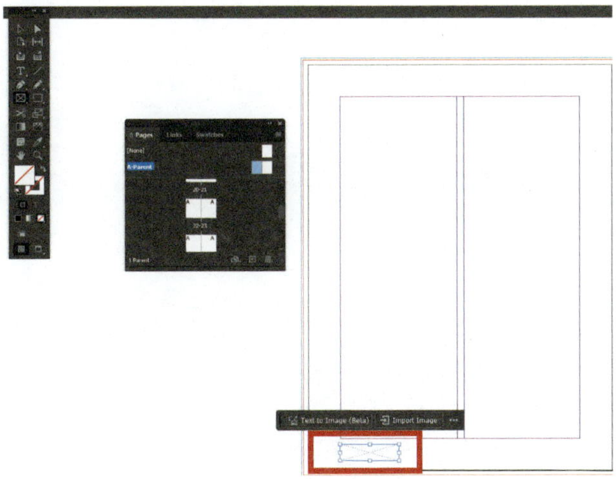

②. 텍스트 상자를 원하는 위치에 그립니다.

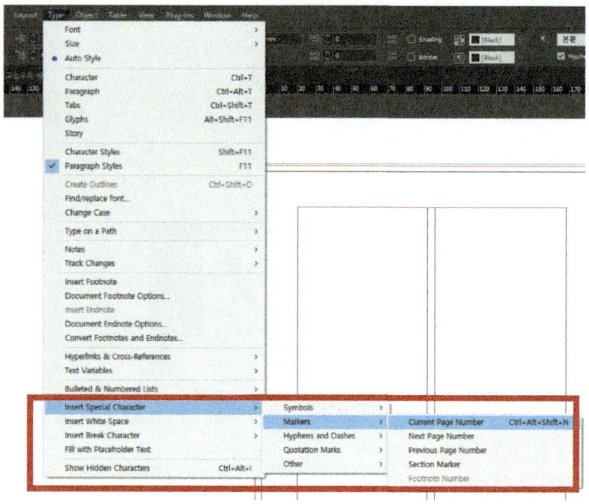


③. 메뉴에서 [문자 → 특수문자삽입 → 표시자 → 현재 페이지 번호]를 선택합니다. 단축키는 Ctrl+Alt+Shift+N입니다.

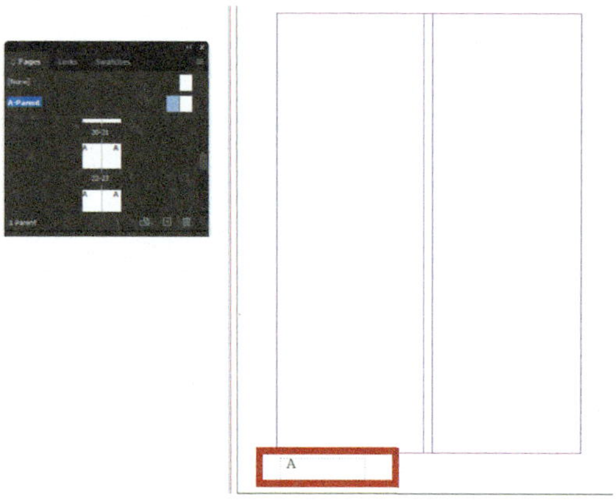


④. 마스터 페이지와 같은 문자가 생성됩니다.

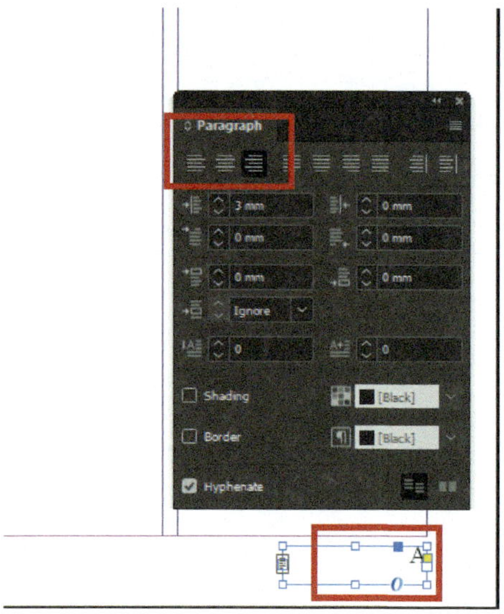


⑤. 오른쪽 페이지에 복사해서 같은 위치에 배치합니다. Paragraph에서 오른쪽 정렬을 선택합니다.

⑥. 이제 다시 본문 페이지를 더블 클릭해봅니다.

⑦. 페이지번호가 생성이 되었습니다.

※ 동화책에는 꼭 페이지 번호가 들어가지 않아도 됩니다.

## 인쇄용 파일 만들기

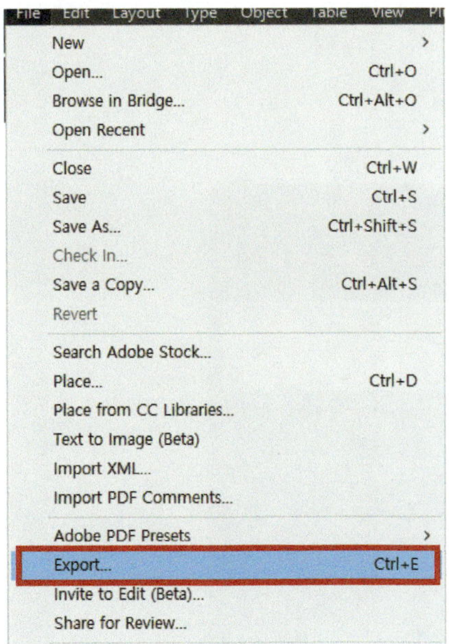


①. **인쇄용 PDF로 저장하기:** 인디자인에서 작업한 파일은 인쇄소에 PDF 파일로 보냅니다. 설정값을 꼼꼼하게 확인해야 인쇄사고를 피할 수 있습니다.

- 메뉴에서 [파일 → 내보내기]를 선택합니다.

②. [내보내기]창이 나타나면 파일 형식을 [Adobe PDF(인쇄)]로 선택하고 [저장]을 누릅니다.

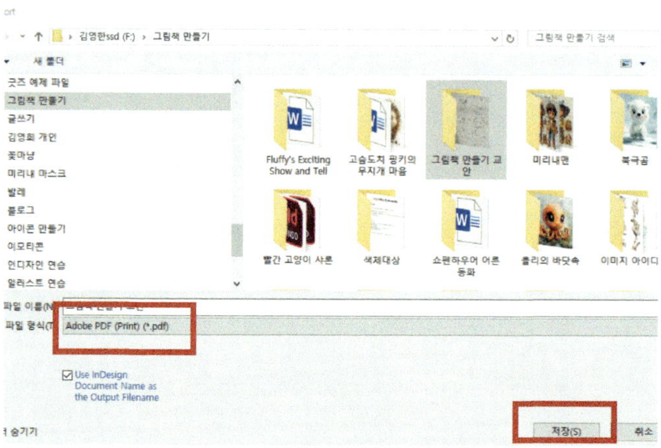


③. [Adobe PDF 내보내기]창이 나타나면 [네보내기 형식]을 [스프레드]로 선택하면 펼친면이 나오고 [page]를 선택하면 낱장 PDF가 생성이 됩니다.

※인쇄를 넘길때는 page로 선택하시고 점검을 위한 출력은 spreads를 선택합니다.

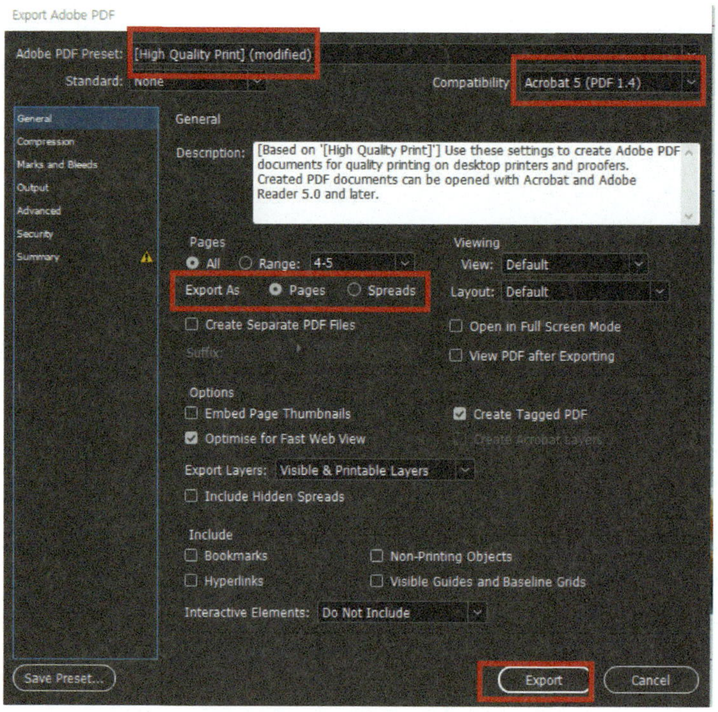

[페이지]로 내보내기 한 pdf

[스프레드]로 내보내기 한 pdf

④. [압축] 탭에서 컬러 이미지, 회색 음영 이미지, 단색 이미지 모두 [다운샘플링 안함]을 설정합니다. 이는 이미지의 인쇄 품질을 결정하는 옵션으로, 다운샘플링 될수록 화질이 떨어집니다.

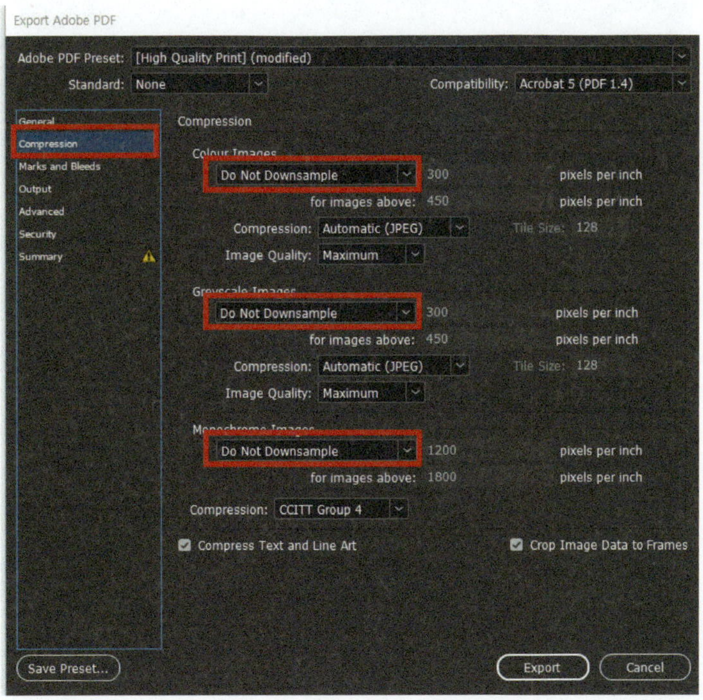

⑤. [표시 및 도련] 탭에서 재단선 표시]에 체크 표시합니다. [문서 도련 설정 사용]에도 체크 표시한 후 [내보내기]를 눌러 PDF파일로 저장합니다.

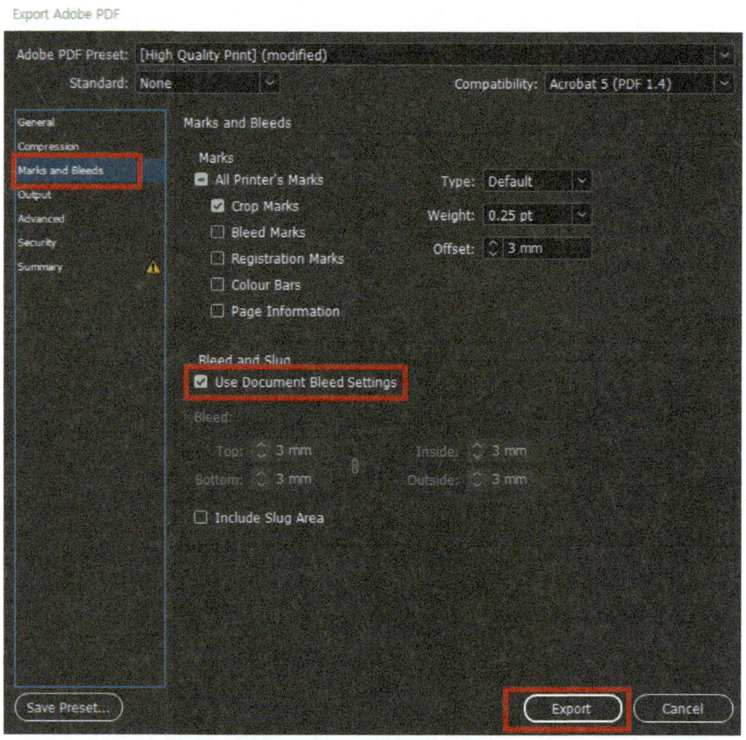

제단선이 표시되지 않은 pdf입니다.

# 6.3 Canva를 활용한 동화책 제작 실습

6장 동화책의 시각적 완성

캔바 유료 가입을 하면 다양한 디자인을 편리하게 사용할 수 있어서 인디자인 사용이 용이하지 않을 경우 간단하게 편집할 수 있는 방법에 대해 공유해 드리도록 하겠습니다. 전문적인 책 편집 프로그램이 아니다 보니 아쉬운 점이 있지만 초보자가 사용하기 편리하게 되어 있어서 처음 책 편집을 하는 경우에 추천 드립니다.

①. 캔바를 열고 맞춤형 크기를 선택합니다.

②. 책 판형에 맞는 크기를 설정합니다.

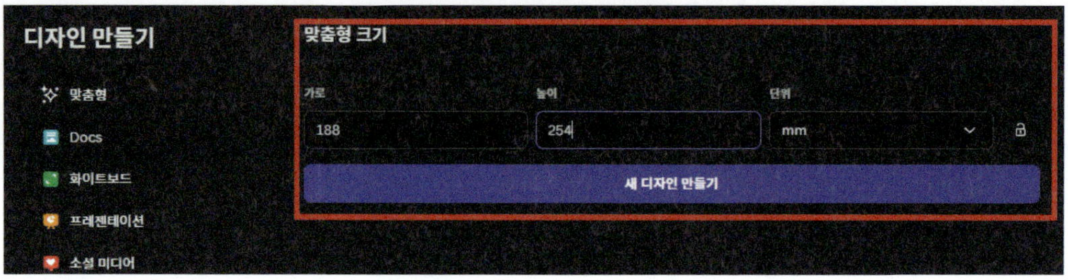


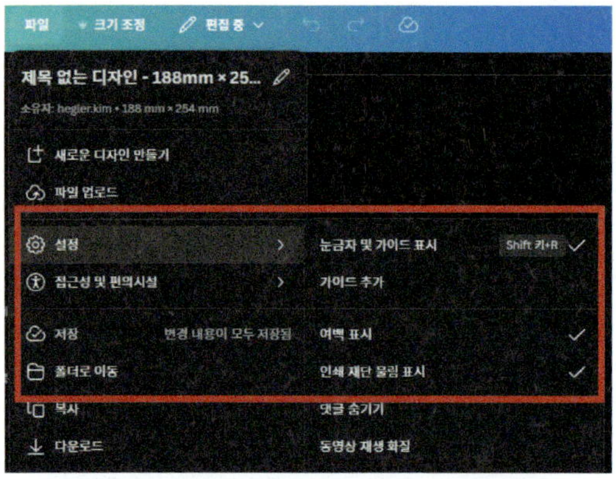


③. 파일 → 설정 → 여백표시, 인쇄 재단 물림 표시를 체크 합니다.

- 이렇게 페이지가 나옵니다. 페이지 추가를 하면서 작업을 하면 됩니다. 캔바의 최대 단점은 펼친면 작업이 안된다는 점입니다. 그 점을 감안해서 양쪽페이지에 걸쳐서 그림이 배치되는 경우 그림을 잘라서 왼쪽페이지와 오른쪽 페이지에 배치하면 됩니다.

④. 배경 이미지를 배치합니다. 왼쪽 페이지에 필요한 이미지를 절반 정도 배치하고 메뉴 상단에서 불투명도 조정을 합니다.

⑤. 배경 지우기 및 이미지 편집, 뒤집기, 자르기 등을 손쉽게 할 수 있게 되어 있습니다.

⑥. 미드저니 웹에서 배경을 확장한 이미지를 배치 후 편집 → Magic Eraser를 선택하면 이미지 중 일부를 삭제할 수 있습니다.

- 불필요한 고슴도치가 사라졌습니다.

⑦. 인쇄용 파일 만들기

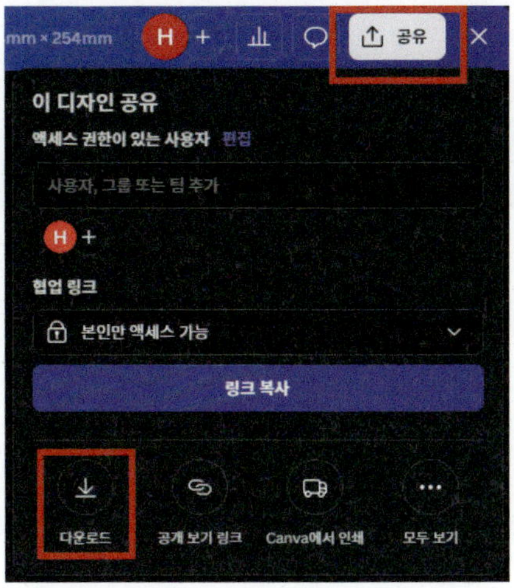


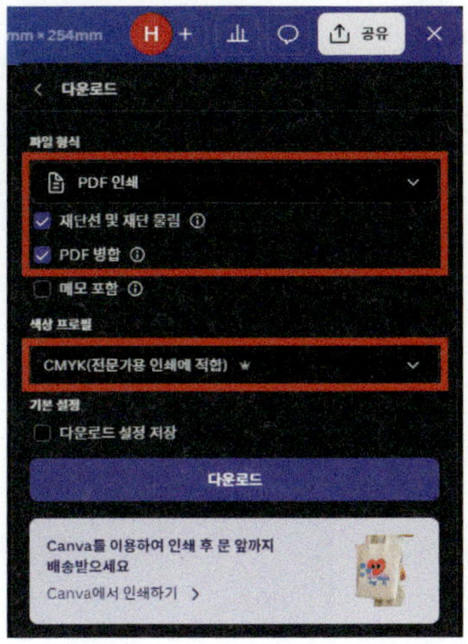


- 오른쪽 상단에 공유를 선택 → 다운로드 → 파일형식 PDF인쇄 선택 → 재단선 및 재단 물림 → PDF 병합 선택 → CMYK(전문가용 인쇄에 적합) 선택 → 다운로드

※ 제단선 표시가 되고 글자 아웃라인, 이미지 파일의 색상모드까지 한번에 해결해줍니다. 초보자에게는 아주 편리한 기능입니다.

# 6.4 표지 디자인과 레이아웃 구성

6장 동화책의 시각적 완성

표지와 내지는 별도의 파일로 작업을 합니다.

책표지는 책 앞면과 뒷면 그리고 책꽂이에 꽂았을 때 보이는 부분을 책등이라고 합니다. 보통 책의 제목, 저자 이름, 출판사 이름이 나란히 놓이게 텍스트를 배치합니다.

양장본과 무선제본의 경우 책 표지 작업이 상이하고 동화책의 경우 양장본도 많이 제작을 하기 때문에 양장본과 무선제본 표지 작업을 구분해서 설명하도록 하겠습니다.

아쉽게도 캔바에서는 책등작업까지는 하기 어렵기 때문에 앞표지나 뒷표지만 별도로 작업을 하시면 됩니다. 책등 작업을 못 한 경우, 제목과 저자를 POD출판에서 기본 텍스트로 넣어줍니다.

## 6.4.1 양장본

양장본은 교보문고 POD 기준으로 설명합니다.

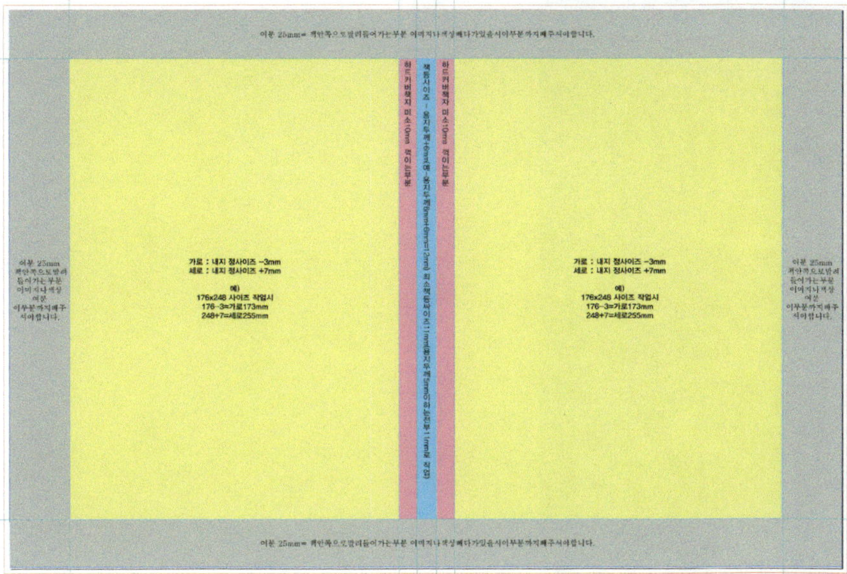


- 가로: 내지 정사이즈 -3mm
- 세로: 재지 정사이즈 +7mm
  - 예)188X254 사이즈 작업시
  - 188-3=가로 185mm
  - 254+7=세로 261mm
- 책등의 경우 용지 두께 +6mm (예 용지 두께 6mm+6mm = 12mm)
- 최소 책등 사이즈 11mm (용지두께 5mm 이하는 전부 11mm로 작업)
- 하드커버 책지 미소 (책이 꺽이는 부분 10mm씩 양옆으로 배치)
- 전체 여분 25mm 이미지나 색상이 있는 경우 여분까지 빼주셔야 합니다.
- PDF로 내보내기 할 때 펼친면으로 작업
- 제단선 표시하지 않음
- 제단되어야 하는 부분에 직접 선으로 표시 (0.3pt / 3mm 색상견본에 맞춤으로[검정으로 하면 안됩니다])

이제 실제 작업하는 걸 예시로 보여드리겠습니다.

①. 인디자인에서 새로운 파일을 만듭니다. 사이즈는 185 X 261m, 페이지는 3pages, Bleed는 사방 25mm로 설정합니다.

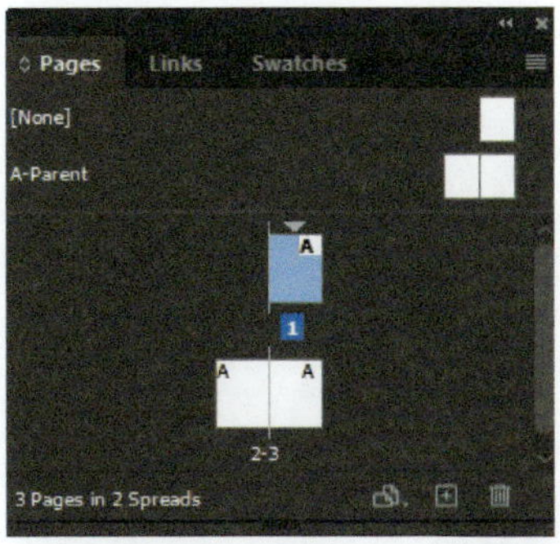


②. [페이지] 패널에서 [1]페이지를 선택하고 Shift 를 누른 상태로 [3]페이지를 선택합니다. [1]~[3] 페이지가 선택된 상태에서 마우스 오른쪽 버튼을 눌러 [문서 페이지 재편성 허용]을 비활성화합니다.

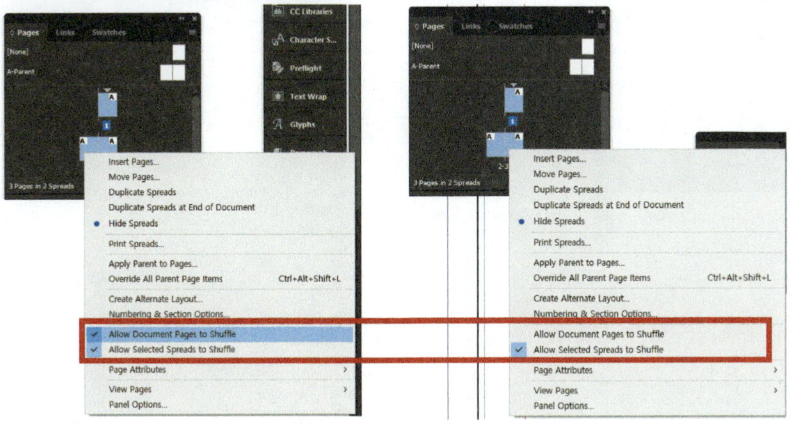


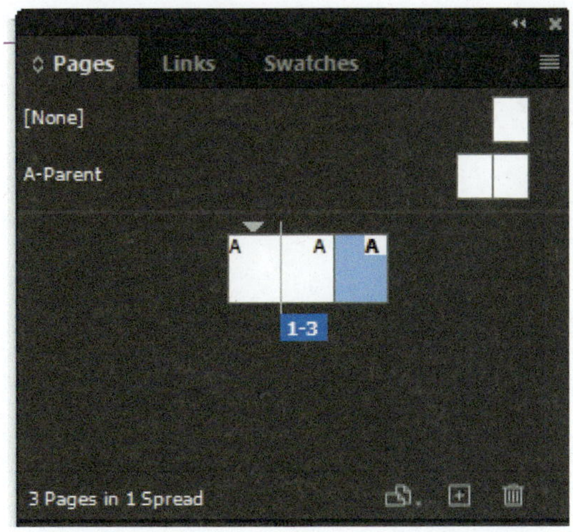


③. [2]페이지를 드래그해서 [1]페이지 앞으로 가져옵니다. 왼쪽과 같이 페이지 옆으로 딱 붙도록 가져다 놓아주세요. 3페이지가 모두 나란히 붙으면 페이지 재배치에 성공한겁니다.

④. 책등이 될 [2]페이지를 선택한 후 메뉴에서 [레이아웃 → 여백 및 단]을 선택합니다.

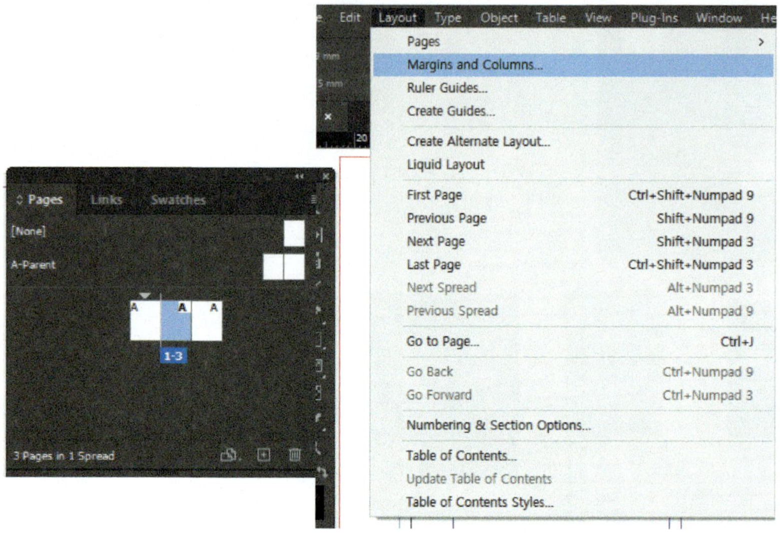


⑤. [여백 및 단] 창에서 [여백]을 모두 0mm로 수정하고 [확인]을 누릅니다. 페이지 사이에 있던 여백이 없어집니다.

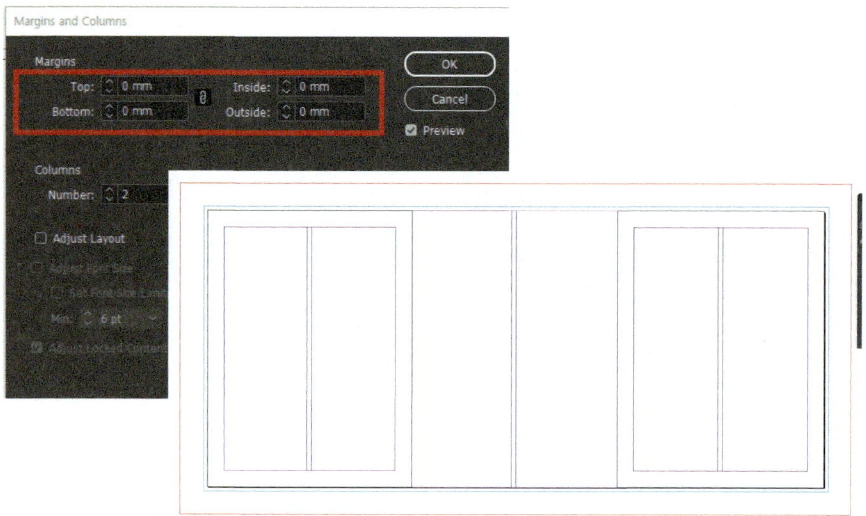

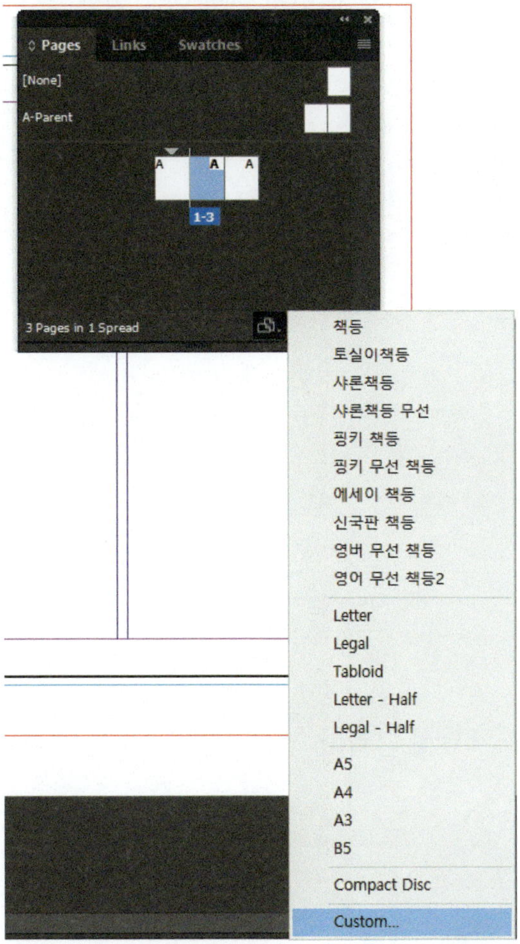


⑥. 2page를 선택한 후 책등 이름을 양장본 책등으로 설정합니다.

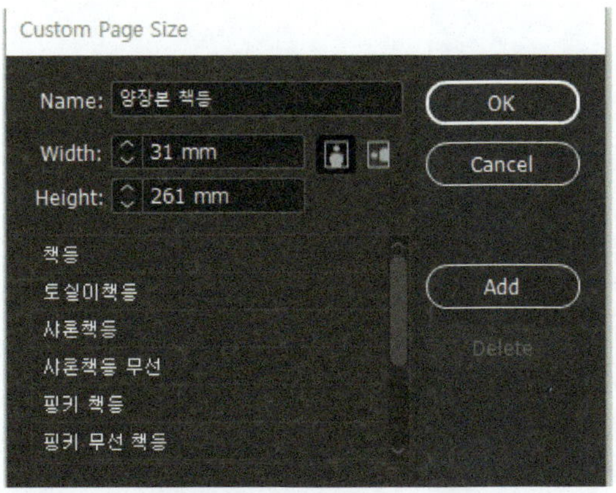


⑦. 책등 사이즈 변경: 사이즈는 52페이지를 기준으로 6mm가 안되기 때문에 책등은 11mm, 미소 양옆 10mm씩 총 32mm가 가로 사이즈입니다.

- 세로 사이즈는 책의 총 사이즈 261mm
- 가로 사이즈만 변경합니다.

- 이렇게 화면이 나오면 설정 완료입니다. 이제 이미지를 배치하고 제목과 저자, 출판사 로고를 배치합니다.

⑧. 제단선 그리기

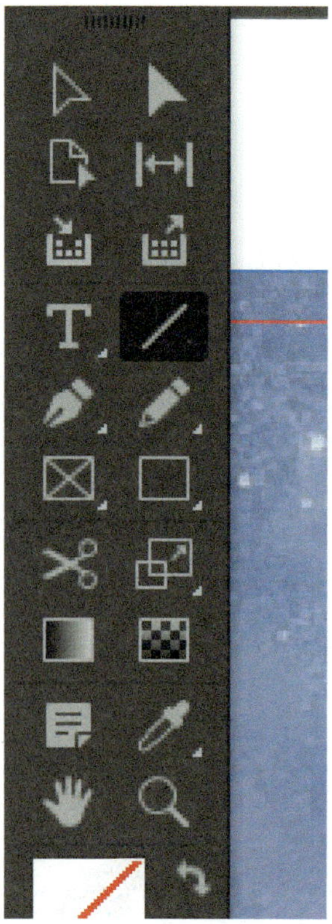

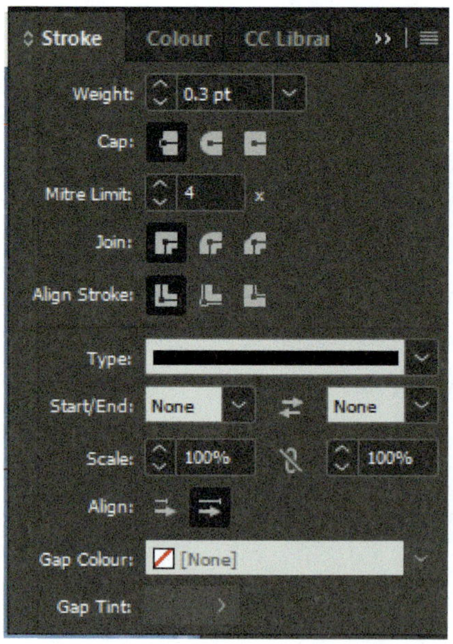

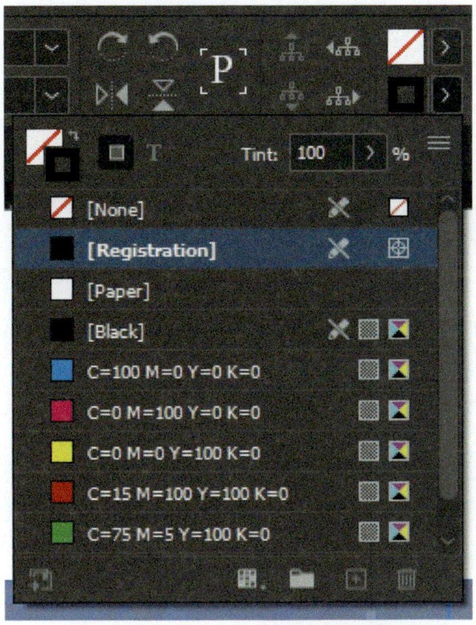


- 선 그리기 선택 → 0.3point → 3mm
  → 색상견본에 맞춤(검정색 아님)

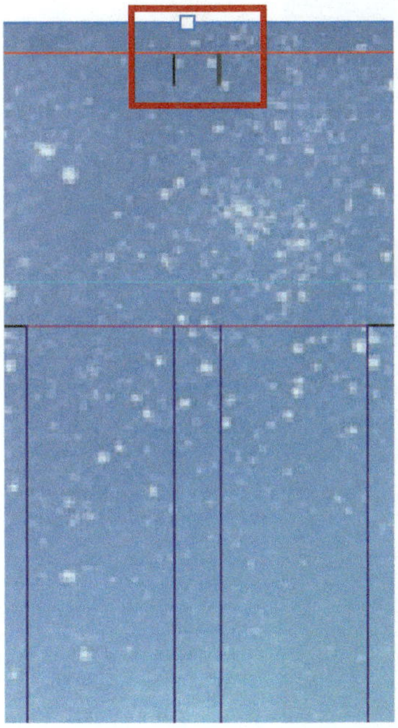

- 원하는 위치에 직접 제단선을 그려줍니다.

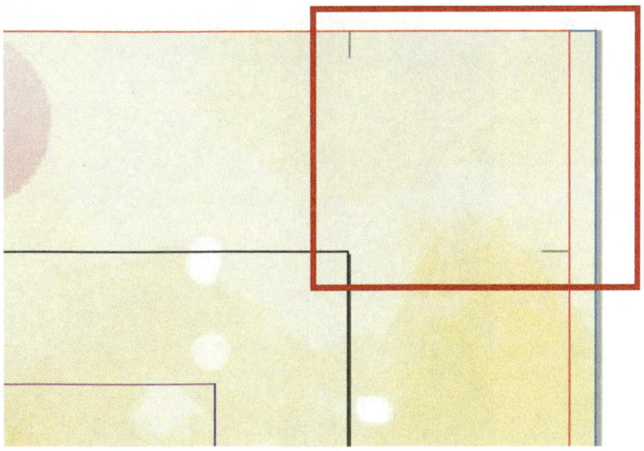

⑨. 표지를 pdf로 내보내기 합니다.

- Spreads (펼친면) 으로 선택

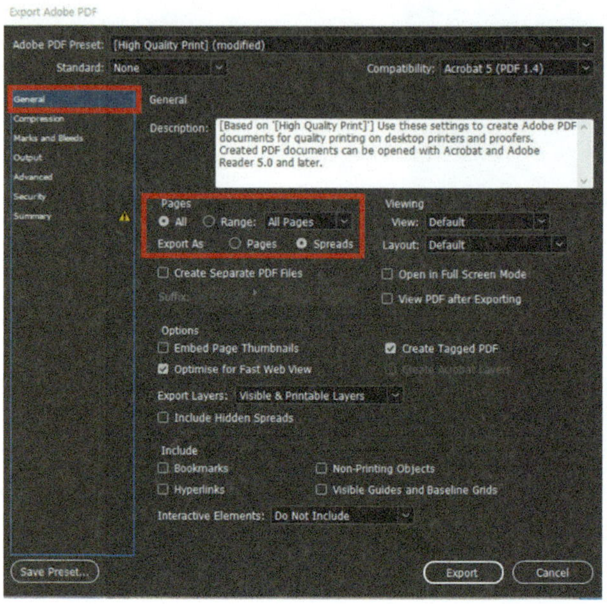

- 인쇄 품질은 모두 Do Not Downsample을 선택

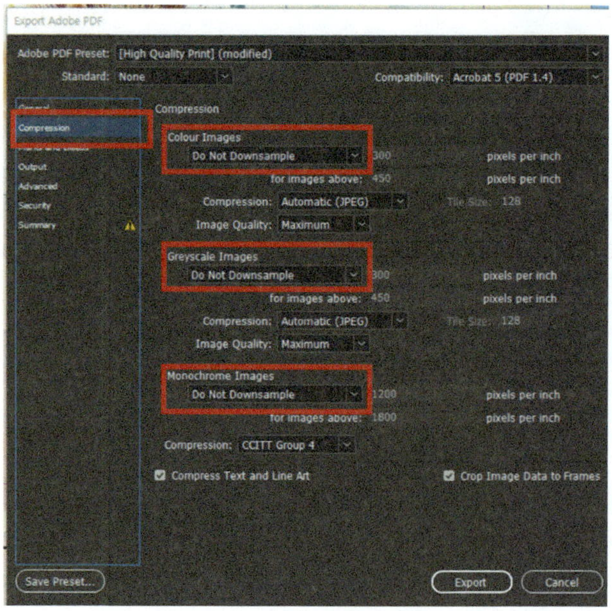

- 재단선 표시를 모두 선택하지 않습니다.

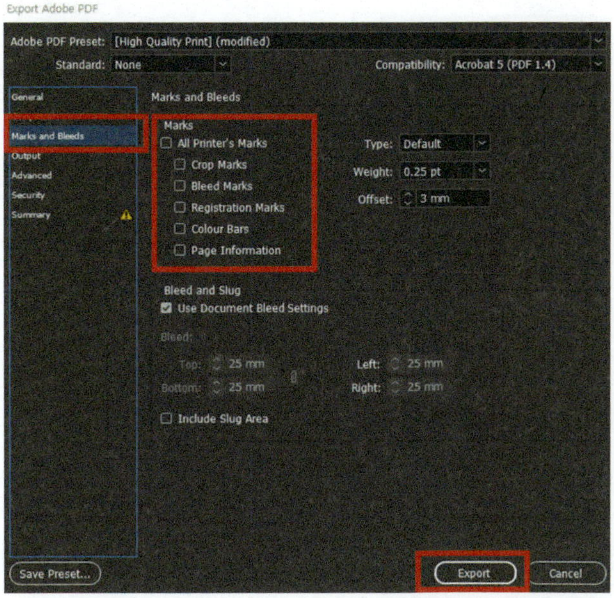


⑩. 양장본 최종 PDF가 다음과 같이 나오면 성공입니다.

## 6.4.2 무선제본

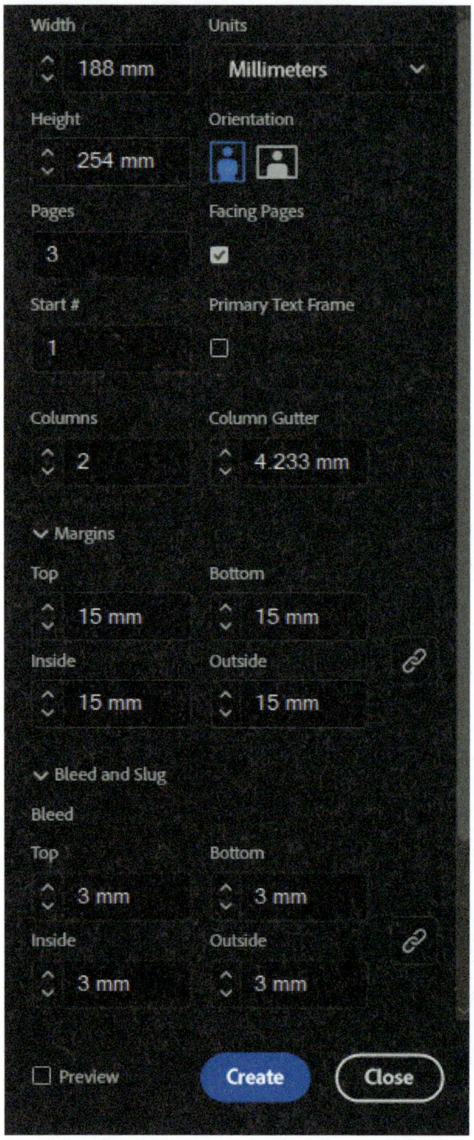


①. 새 파일을 엽니다. 이제 책 사이즈는 내지 사이즈와 동일하게 합니다. 페이지수는 3 페이지, bleed는 3mm로 설정합니다. 양장본과 동일하게 작업을 진행합니다.

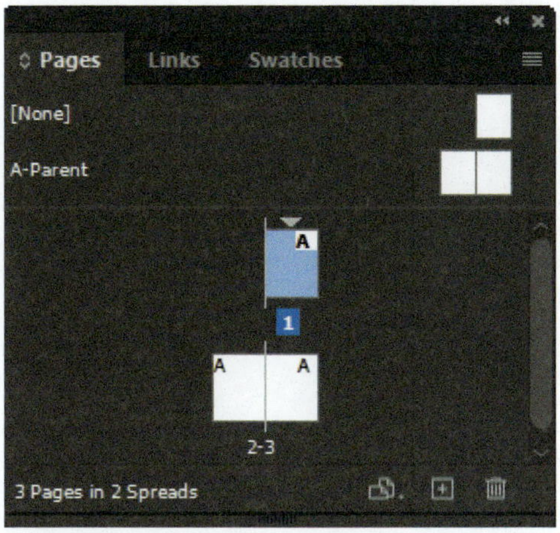


②. 페이지를 모두 선택한 후 오른쪽 마우스를 눌러 페이지 재편성을 비활성화해서 3페이지는 나란하게 붙여줍니다.

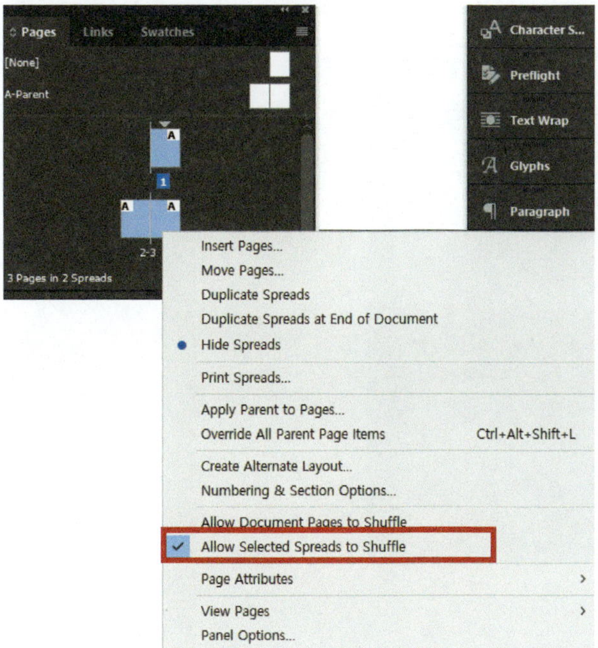


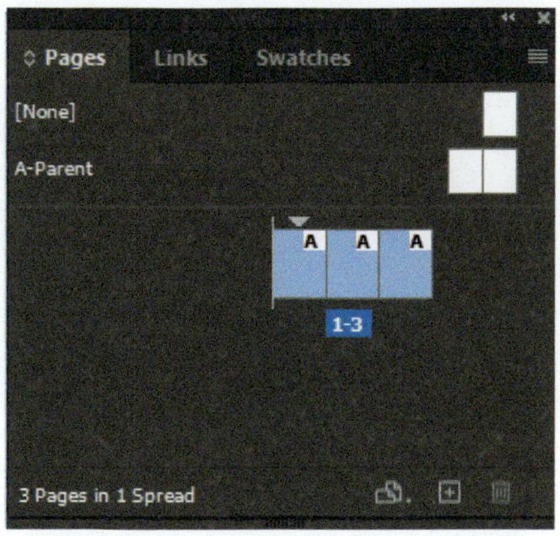

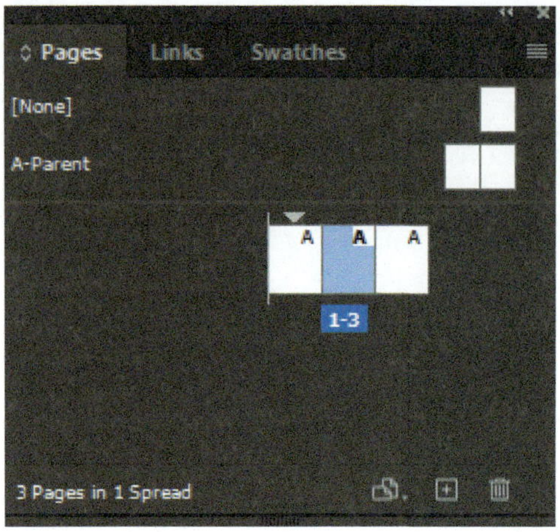


③. 이제 책등이 될 두번째 페이지를 선택한 후 메뉴에서 레이아웃 margins and Columns에서 여백을 모두 0mm로 설정합니다.

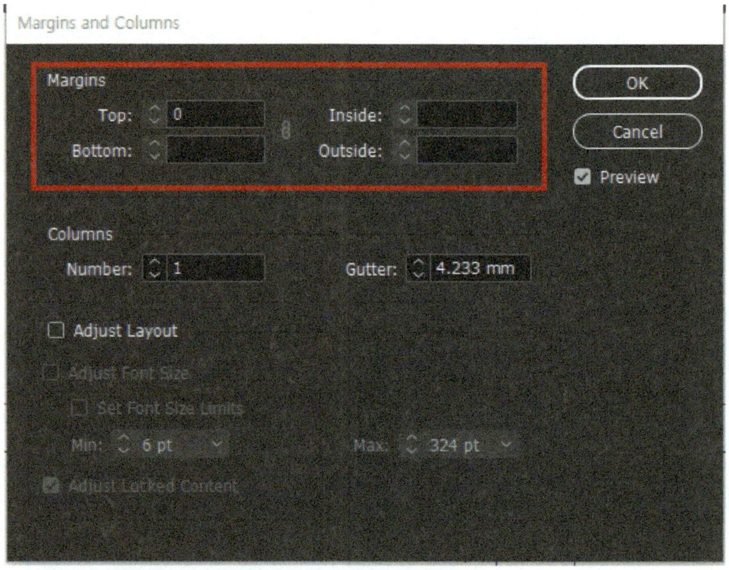

- 이제 동일한 방법으로 이미지와 텍스트를 배치합니다.

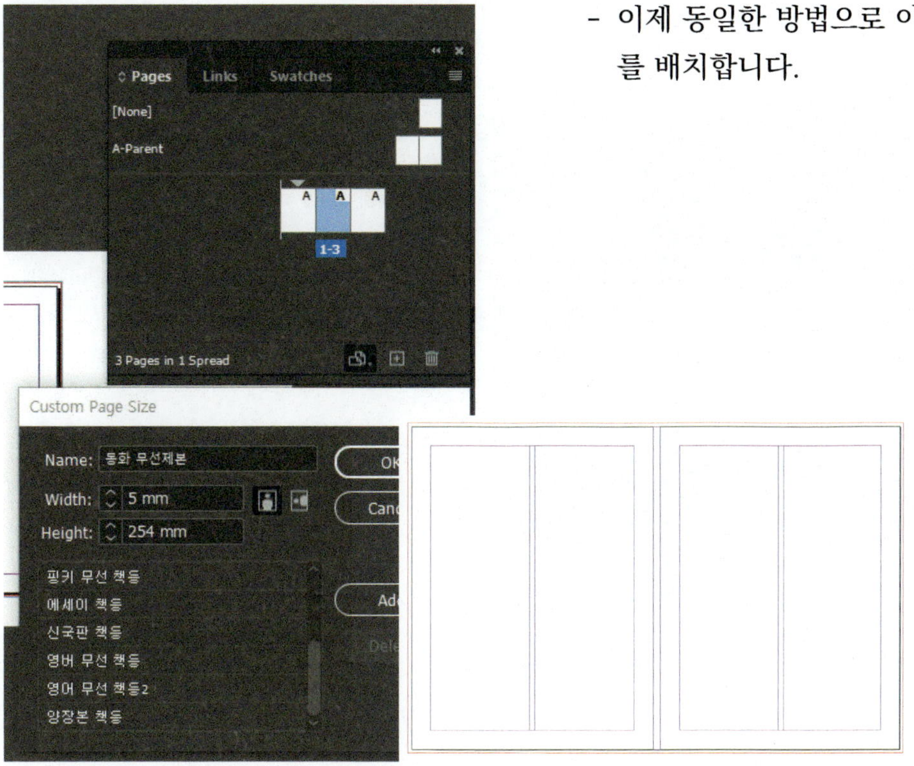


④. 무선제본의 경우 PDF로 내보내기할 때 양장본과 동일하게 펼친면으로 내보내고, 제단선 표시를 합니다.

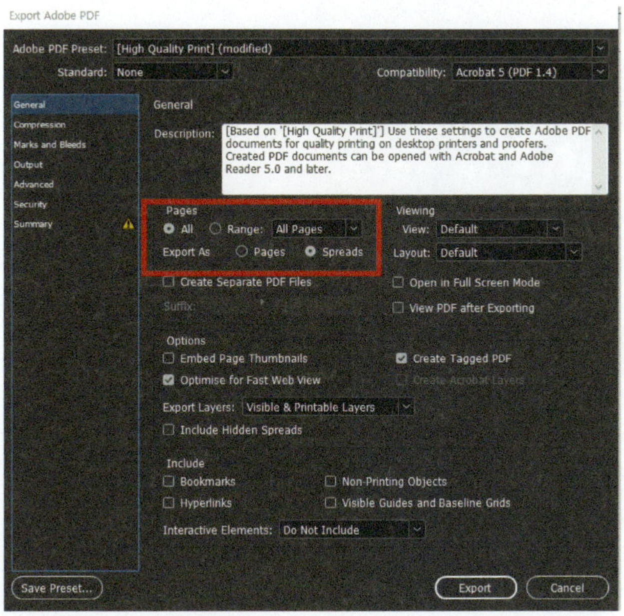

⑤. 제단선 표시하기를 선택합니다.

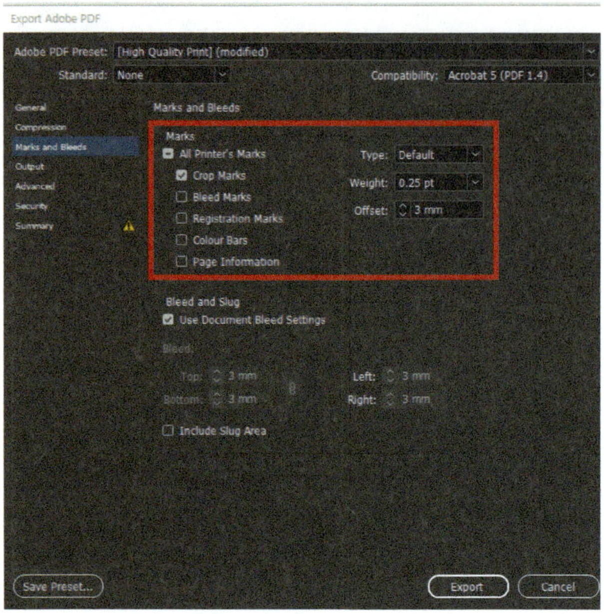


⑥. PDF가 위와 같이 나오면 성공입니다.

# 6.5 더미북 만들기

6장 동화책의 시각적 완성

실제 책이 어떻게 나올지 예상해 보는 단계입니다.

프린터를 실제 책 사이즈로 출력을 합니다.

제단선에 맞춰 자릅니다.

앞뒤면을 붙여서 책처럼 만듭니다.

책 표지는 약간 두꺼운 종이에 붙입니다.

실제로 출력을 해서 더미북을 만들어보면 화면상에서 보지 못했던 여러 문제점들이 발견될 수 있습니다.

인쇄소에 넘기기 전에 마지막 점검 단계에서 꼭 만들어보는 걸 추천합니다.

## 6.5.1 더미북 제작 방법

더미북은 실제 책의 모형으로, 최종 인쇄 전에 책의 전체적인 모습, 느낌, 그리고 실용성을 확인할 수 있게 해줍니다. 다음은 더미북 제작 과정입니다.

①. **재료 준비**

- 표지용 두꺼운 종이 또는 판지
- 내지용 일반 프린트 용지
- 접착제, 가위, 자, 칼
- 제본용 실과 바늘 (선택사항)

②. **크기 설정**

- 실제 책과 동일한 크기로 설정
- 표지는 내지보다 약간 크게 재단 (일반적으로 각 면에 3mm 추가)

③. **내지 인쇄 및 접지**

- 모든 페이지를 순서대로 인쇄
- 4~8페이지 단위로 접어서 접지 만들기

④. **제본**

- **간단한 방법:** 접지를 순서대로 쌓고 한쪽 면을 접착제로 붙이기
- **고급 방법:** 실과 바늘을 사용하여 접지들을 꿰매기

⑤. **표지 부착**

- 표지 디자인을 인쇄하여 두꺼운 종이나 판지에 부착
- 책등 부분을 고려하여 표지를 접고 내지와 결합

⑥. **마무리**

- 책등 부분을 잘 눌러 접착
- 재단선을 따라 깔끔하게 재단

- **주요 팁**
  - 실제 사용할 종이와 가장 유사한 것을 사용하여 무게와 질감을 확인
  - 여러 번 넘겨보며 내구성 확인
  - 다양한 조명 아래에서 표지 색상 확인
  - 책등 글자가 올바르게 보이는지 확인
- **더미북 제작을 통해 얻을 수 있는 이점:**
  - 페이지 넘김 느낌과 전체적인 흐름 파악
  - 표지 디자인의 실제 효과 확인
  - 제본 방식의 적절성 평가
  - 무게와 크기의 적절성 판단
  - 실제 인쇄 및 제본 과정에서 발생할 수 있는 문제점 예측

더미북은 최종 인쇄 전 마지막 점검 단계로, 예상치 못한 문제를 미리 발견하고 수정할 수 있는 기회를 제공합니다. 이를 통해 최종 제작물의 품질을 크게 향상시킬 수 있습니다.

# 6.6 글자 아웃라인 처리방법

6장 동화책의 시각적 완성

## 6.6.1 폰트 아웃라인 변환 과정 및 주의사항

폰트를 아웃라인으로 변환하는 것은 인쇄 파일 준비의 필수적인 단계입니다. 이 과정을 통해 사용된 폰트가 인쇄소의 시스템에 없어도 정확히 동일한 모양으로 인쇄될 수 있습니다.

### i. 아웃라인 변환 과정

①. **Adobe Illustrator에서:**
- 텍스트 선택 → '문자(Type)' 메뉴 → '윤곽선 만들기(Create Outlines)' 선택
- 단축키: Ctrl+Shift+O (Windows) 또는 Cmd+Shift+O (Mac)

②. **Adobe InDesign에서:**
- 모든 텍스트 프레임 선택 → '문자(Type)' 메뉴 → '윤곽선 만들기(Create Outlines)' 선택
- 또는 파일을 PDF로 내보낼 때 '고급' 옵션에서 '모든 텍스트를 윤곽선으로 변환' 선택

③. **Adobe Photoshop에서:**
- 텍스트 레이어 우클릭 → '레이어 래스터화(Rasterize Type)' 선택

## ii. PDF에서 직접 폰트 아웃라인 처리하기

PDF에서 직접 폰트를 아웃라인으로 변환하는 방법은 가장 간단하고 효과적인 방법 중 하나입니다. 이 방법을 사용하면 원본 파일을 수정하지 않고도 인쇄에 적합한 PDF를 만들 수 있습니다.

- **Adobe Acrobat Pro를 사용한 방법:**
  - PDF 파일을 Adobe Acrobat Pro에서 엽니다.
  - '파일' → '인쇄 제작' → '출력 미리 보기'를 선택합니다.
  - 출력 미리 보기 창의 왼쪽 상단에 있는 '투명도 병합' 옵션을 클릭합니다.
  - '설정'에서 '모든 텍스트를 윤곽선으로 변환'을 선택합니다.
  - '적용'을 클릭하여 변경 사항을 적용합니다.
  - 파일을 새 이름으로 저장합니다.
- **이 방법의 장점:**
  - 원본 파일을 유지하면서 인쇄용 파일을 별도로 만들 수 있습니다.
  - 모든 폰트를 한 번에 아웃라인으로 변환할 수 있어 시간을 절약할 수 있습니다.
  - 디자인 소프트웨어가 없어도 폰트 아웃라인 처리가 가능합니다.
- **주의사항:**
  - 이 방법을 사용해도 반드시 최종 결과물을 꼼꼼히 확인해야 합니다.
  - 매우 작은 텍스트의 경우 가독성이 떨어질 수 있으므로 주의가 필요합니다.
  - PDF 파일의 크기가 커질 수 있으므로, 필요한 경우 파일 최적화를 고려하세요.
  - 이 방법은 특히 여러 소프트웨어에서 작업한 파일들을 하나의 PDF로 통합한 경우에 매우 유용합니다. 또한, 원본 파일에 접근할 수 없는 상황에서도 인쇄용 파일을 준비할 수 있는 좋은 대안이 될 수 있습니다.

## iii. 주의사항

- **원본 파일 보존:** 아웃라인 변환 전 원본 파일을 별도로 저장하세요. 변환 후에는 텍스트 수정이 불가능합니다.
- **작은 글씨 주의:** 매우 작은 글씨를 아웃라인으로 변환하면 가독성이 떨어질 수 있습니다. 필요한 경우 폰트 크기를 약간 키우세요.
- **파일 크기:** 텍스트를 아웃라인으로 변환하면 파일 크기가 커질 수 있습니다. 필요한 경우 파일 최적화를 고려하세요.

- **오버프린트 설정:** 검은색 텍스트의 경우, 아웃라인 변환 후에도 오버프린트 설정이 유지되는지 확인하세요.
- **특수 효과:** 텍스트에 적용된 특수 효과(그림자, 광채 등)가 아웃라인 변환 후에도 제대로 표현되는지 확인하세요.
- **라이선스 확인:** 일부 폰트는 아웃라인 변환을 허용하지 않을 수 있습니다. 사용 전 라이선스를 꼭 확인하세요.
- **부분적 아웃라인:** 긴 본문 텍스트의 경우, 전체를 아웃라인으로 변환하지 않고 폰트를 임베드하는 것이 좋을 수 있습니다. 인쇄소와 상의하세요.
- **최종 확인:** 아웃라인 변환 후 모든 텍스트가 올바르게 표시되는지 꼼꼼히 확인하세요.

폰트 아웃라인 변환은 인쇄 품질을 보장하는 중요한 단계입니다. 하지만 이 과정에서 텍스트의 편집 가능성이 사라지므로, 반드시 최종 내용 검토가 완료된 후에 진행해야 합니다.

## 6.6.2 RGB와 CMYK의 차이점

동화책 제작 과정에서 색상 모드에 대한 이해는 매우 중요합니다. 주로 사용되는 두 가지 색상 모드인 RGB와 CMYK의 차이점을 알아보겠습니다.

### i. RGB (Red, Green, Blue)

- **정의:** 빨강, 초록, 파랑을 혼합하여 색을 만드는 가산혼합 방식
- **사용처:** 디지털 디스플레이 (모니터, 스마트폰, 태블릿 등)
- **특징:**
  - 더 넓은 색 영역(gamut)을 표현 가능
  - 밝고 선명한 색상 표현에 유리
  - 각 채널당 256단계(8bit), 총 1670만 색 표현 가능

### ii. CMYK (Cyan, Magenta, Yellow, Key/Black)

- **정의:** 청록, 자홍, 노랑, 검정을 혼합하여 색을 만드는 감산혼합 방식
- **사용처:** 인쇄물 (책, 잡지, 포스터 등)
- **특징:**

- RGB보다 좁은 색 영역 표현
- 잉크의 특성상 RGB만큼 밝고 선명한 색상 표현이 어려움
- 일반적으로 각 채널당 100단계, 총 100만 색 표현 가능

### iii. 주요 차이점

- **색 표현 방식:** RGB는 빛의 혼합, CMYK는 잉크의 혼합
- **색 영역:** RGB가 CMYK보다 더 넓은 색 영역 표현
- **밝기:** RGB는 더 밝고 선명한 색상 표현 가능
- **용도:** RGB는 디지털용, CMYK는 인쇄용

### iv. 동화책 제작 시 주의사항

- 작업 초기 단계에서는 RGB 모드로 작업하여 더 풍부한 색감 활용
- 인쇄용 최종 파일 제작 시 반드시 CMYK 모드로 변환
- 모드 변환 시 색상 변화에 주의하고 필요시 색상 보정
- 모니터 상에서의 색상과 실제 인쇄물의 색상 차이를 인지하고 교정 인쇄 활용

## 6.6.3 DPI와 PPI의 차이점

DPI(Dots Per Inch)와 PPI(Pixels Per Inch)는 모두 이미지의 해상도와 관련된 용어이지만, 각각 다른 상황에서 사용됩니다.

### i. PPI (Pixels Per Inch)

- **정의:** 1인치 안에 들어가는 픽셀의 수
- **사용처:** 디지털 이미지와 디스플레이에서 사용
- **특징:**
  - 디지털 이미지의 해상도를 나타냄
  - 모니터, 스마트폰 등 화면에 표시되는 이미지의 선명도와 관련
  - 일반적으로 72ppi (웹용), 300ppi (인쇄용) 등으로 사용

## ii. DPI (Dots Per Inch)

- **정의:** 1인치 안에 들어가는 잉크 방울의 수
- **사용처:** 인쇄에서 사용
- **특징:**
  - 프린터의 인쇄 해상도를 나타냄
  - 인쇄물의 품질과 관련
  - 일반적으로 300dpi, 600dpi 등으로 사용

## iii. 주요 차이점

- **적용 대상:** PPI는 디지털 이미지, DPI는 인쇄물에 적용
- **측정 단위:** PPI는 픽셀 수, DPI는 잉크 도트 수
- **변환 가능성:** 디지털 이미지의 PPI는 변경 가능하지만, 프린터의 DPI는 하드웨어 특성

## iv. 동화책 제작 시 주의사항

- **디지털용 이미지:** 72-150 PPI 정도면 충분
- **인쇄용 이미지:** 최소 300 PPI 권장 (고품질 인쇄의 경우 600 PPI)
- 이미지 크기 조정 시 PPI 변화에 주의
- 최종 출력물의 크기를 고려하여 초기 작업 시 충분히 높은 PPI로 작업

**인쇄용 파일 만들기**

### 파일 형식

①. **PDF 파일**
- 모든 텍스트와 이미지가 포함된 최종 인쇄용 파일.
- CMYK 색상 모드로 설정하여 인쇄 색상과 일치시킴.

②. **이미지 파일**
- 고해상도 (최소 300dpi) 이미지 사용.
- JPG 또는 PNG 형식으로 저장.

③. **색상 및 텍스트 설정**

- CMYK 색상 모드
- RGB는 디지털 화면용, CMYK는 인쇄용.

④. **글꼴 포함**

- 사용한 글꼴을 PDF에 포함(Embed)하거나, 텍스트를 윤곽선(Convert to Outline)으로 변환.

⑤. **표지 디자인**

- 표지 레이아웃 구성
- 앞표지, 뒷표지, 책등(Spine)을 포함한 일체형 디자인.
- 책등 두께는 페이지 수와 용지 두께에 따라 계산.

# 4부

# AI를 활용한
# 음악과 동요 제작

# 7장

# 생성형 AI를 이용한 음악 제작 기초

1. AI 음악 생성의 주요 특징
2. AI 음악의 활용 분야
3. AI 음악 생성의 한계
4. 주요 AI 음악 서비스 비교
5. Suno AI 소개 (https://suno.com/)
6. Suno AI를 사용한 음악 제작 과정
7. Suno AI로 노래 만들기

# 7.1 AI 음악 생성의 주요 특징

7장 생성형 AI를 이용한 음악 제작 기초

AI를 활용한 음악 만들기는 인공지능 기술을 이용해 음악을 창작하는 과정입니다. 특히 텍스트 프롬프트를 활용하면 사용자가 원하는 스타일, 장르, 감정을 반영한 음악을 손쉽게 만들 수 있습니다. 덕분에 음악을 전공하지 않은 사람도 자신만의 곡을 제작할 수 있으며, AI가 제공하는 다양한 기능을 통해 창작의 폭이 더욱 넓어집니다.

- **텍스트를 기반으로 음악 제작**
  - 사용자가 원하는 분위기나 장르를 텍스트로 입력하면 AI가 자동으로 멜로디, 리듬, 화음, 가사를 만들어 줍니다.
  - AI는 입력된 텍스트를 분석하여 해당 스타일과 일치하는 사운드를 생성하며, 필요에 따라 변형 및 조정도 가능합니다.
  - **예:** "신나는 댄스 음악", "조용한 피아노 연주곡", "감성적인 어쿠스틱 기타 연주"
- **다양한 장르 및 스타일 제공**
  - 팝, 록, 힙합, 클래식, 전자 음악 등 다양한 장르를 지원합니다.
  - 특정 장르를 선택하거나 두 가지 이상을 조합하여 새로운 스타일의 음악을 만들 수도 있습니다.
  - AI는 기존 곡의 특성을 학습하여 사용자의 요청에 맞춘 음악을 제작할 수 있습니다.
- **쉽고 직관적인 인터페이스**
  - 초보자도 쉽게 사용할 수 있도록 단순하고 직관적인 UI를 제공합니다.

- 텍스트 입력 외에도 스타일 선택, 기존 음악 업로드 등의 기능을 활용할 수 있습니다.
- 드래그 앤 드롭 방식의 간단한 조작으로도 음악 편집이 가능하며, 직관적인 인터페이스 덕분에 전문가가 아니더라도 쉽게 접근할 수 있습니다.

- **보컬 및 가사 추가 가능**
  - AI가 가사를 분석해 멜로디를 만들고, 가사와 조화를 이루는 보컬을 자동으로 생성할 수 있습니다.
  - 감정 표현 조절과 다국어 지원 기능도 포함됩니다.
  - 다양한 보컬 스타일을 적용할 수 있으며, 사용자 지정 목소리를 학습하여 더욱 자연스러운 보컬을 제공할 수도 있습니다.
- **음악 편집 기능 제공**
  - 생성된 음악을 수정하거나 길이를 조정하는 기능이 있어 원하는 대로 편집이 가능합니다.
  - 사용자는 특정 구간을 강조하거나 다양한 악기를 추가하는 등의 세밀한 편집이 가능합니다.
  - 볼륨, 이펙트 조정, 템포 변화 등 세부적인 수정 작업도 지원됩니다.
- **빠른 음악 생성**
  - 몇 초 만에 완성도 높은 음악을 만들어낼 수 있어 빠른 실험과 수정이 가능합니다.
  - 즉흥적인 아이디어를 바로 적용하고 다양한 버전을 비교하여 최적의 음악을 선택할 수 있습니다.
- **상업적 활용 가능**
  - 일부 유료 서비스에서는 생성한 음악을 상업적으로 사용할 수 있는 옵션을 제공합니다.
  - 광고, 게임, 유튜브 영상 등 다양한 콘텐츠에서 저작권 문제 없이 음악을 활용할 수 있습니다.

# 7.2 AI 음악의 활용 분야

7장 생성형 AI를 이용한 음악 제작 기초

- **개인 창작자:** 자신만의 음악을 만들고 공유할 수 있음
- **교육:** 음악 이론을 배우거나 창의적인 연습 도구로 활용 가능
- **콘텐츠 제작:** 광고, 영화, 게임 등에서 배경 음악으로 활용
- **비즈니스 및 마케팅:** 브랜드 음악 및 광고 배경음악 제작
- **웰빙 및 명상 음악:** 사용자 맞춤형 명상 및 휴식 음악 제공

# 7.3 AI 음악 생성의 한계

7장 생성형 AI를 이용한 음악 제작 기초

- **저작권 문제**
  - AI가 생성한 음악이 기존 곡과 유사할 경우 저작권 논란이 발생할 수 있습니다.
  - 이를 방지하기 위해 AI가 학습하는 데이터 및 생성 과정에서 추가적인 저작권 보호 조치가 필요합니다.
- **감정 표현 및 창의성 부족**
  - 인간 작곡가처럼 섬세한 감정을 담아내거나 독창적인 음악을 만들기는 어렵습니다.
  - AI는 주어진 데이터와 알고리즘을 기반으로 음악을 생성하므로 예측 가능한 패턴에서 크게 벗어나지 못하는 경우가 많습니다.
- **기술적 오류 발생 가능성**
  - 사용자가 의도한 것과 다르게 음악이 만들어질 수도 있습니다.
  - AI가 특정 스타일을 완벽하게 재현하지 못할 수도 있으며, 때로는 부자연스러운 멜로디가 생성될 수도 있습니다.
  - 이를 개선하기 위해 지속적인 업데이트와 알고리즘 향상이 필요합니다

# 7.4 주요 AI 음악 서비스 비교

7장 생성형 AI를 이용한 음악 제작 기초

| 서비스명 | 주요 특징 | 장점 | 단점 |
|---|---|---|---|
| Suno AI | 텍스트 기반 음악 생성, 보컬 및 가사 포함 | 다양한 장르 지원, 직관적인 인터페이스, 빠른 생성 속도 | 반복적인 음악 생성 가능성, 음질 개선 필요 |
| Udio | 텍스트 및 오디오 기반 음악 생성 | 가사 없이 전체 곡 생성 가능, 오디오 확장 기능 제공 | 일부 기능의 접근성 제한 |
| AIVA | 심포니 및 오케스트라 음악 생성 | 고급 AI 작곡 기능, 클래식 및 영화 음악 특화 | 고품질 출력은 유료 플랜 필요 |
| Beatoven AI | 감정 기반 음악 생성 | 상업적 사용 가능, 직관적 인터페이스 | 빈번한 사용 시 비용 부담 발생 |
| Soundraw | 사용자 맞춤형 음악 생성 | 높은 커스터마이징 가능성, 로열티 프리 트랙 제공 | 무료 기능 제한 |
| Magenta Studio | 오픈소스 기반 멜로디 및 리듬 생성 | DAW 통합 가능, 다양한 AI 도구 제공 | 기술적 설정 필요, 초보자 접근 어려움 |

- 각 서비스는 고유한 강점과 약점을 가지고 있으므로, 사용자의 목적과 필요에 따라 적합한 서비스를 선택하는 것이 중요합니다.
- Suno AI는 텍스트 기반 음악 생성, 사용자 친화적인 인터페이스, 보컬 및 가사 생성 기능에 강점을 가지고 있어, 음악 제작 경험이 없는 사용자에게 특히 유용할 수 있습니다.
- 반면, Udio는 가사 없이도 전체 곡 생성이 가능하고, 오디오 확장 기능과 같은 차별화된 기능을 제공합니다. 다른 서비스들은 특정 장르나 기능에 특화되어 있으므로, 자신의 목적에 맞는 서비스를 선택하는 것이 좋습니다.

# 7.5 SUNO AI 소개 (https://suno.com/)

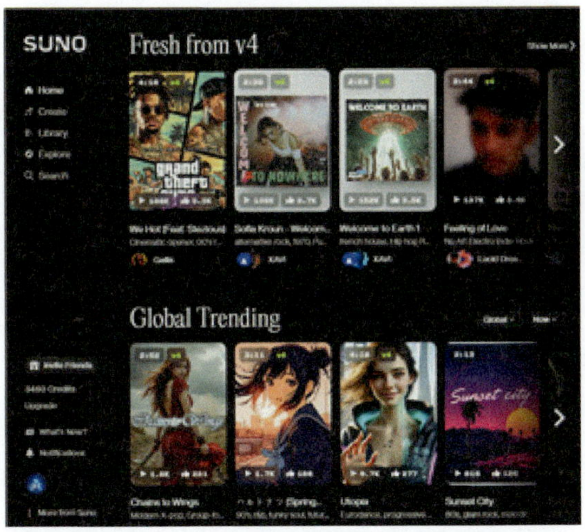


Suno AI를 사용하여 음악을 만드는 과정은 텍스트 프롬프트를 기반으로 사용자가 원하는 스타일, 장르, 분위기의 음악을 생성하는 방식으로 이루어집니다. 현재 V4 버전까지 서비스가 되고 있으며, 다양한 기능이 업데이트 되고 있습니다.

# 7.6 Suno AI를 사용한 음악 제작 과정

7장 생성형 AI를 이용한 음악 제작 기초

## 7.6.1 프롬프트 작성

- Suno AI는 텍스트 프롬프트를 입력하여 음악을 생성합니다.
- 프롬프트는 생성하고자 하는 음악의 스타일, 장르, 분위기, 가사 등을 구체적으로 묘사해야 합니다.
- **예:** "여름 분위기의 경쾌한 팝송", "애절한 발라드", "신나는 힙합 음악"
- 키워드를 활용하여 템포, 리듬, 보컬 스타일, 악기, 시대적 배경 등을 추가하여 개성적인 음악을 만들 수 있습니다.
- **예:** "80년대 스타일의 신스팝, 여성 보컬"
- 명확하고 구체적인 프롬프트가 보다 정확한 음악 생성을 돕습니다.
- 구글 번역을 활용하여 영어로 프롬프트를 입력하면 더 나은 결과를 얻을 수 있습니다.

## 7.6.2 음악 생성

- 프롬프트를 입력하면 Suno AI가 분석하여 멜로디, 리듬, 화음, 가사 등을 포함한 곡을 자동 생성합니다.
- AI는 다양한 음악적 요소를 조합하여 독특한 음악을 생성합니다.

- 빠른 생성 속도로 짧은 시간 안에 고품질의 음악을 제공합니다.
- 생성된 곡은 최대 4분 길이로 제공되며, 보컬 포함 또는 악기 연주만 선택할 수 있습니다.
- Suno AI는 딥러닝, 자연어 처리(NLP), 생성적 적대 신경망(GAN) 등의 기술을 활용하여 음악을 제작합니다.

## 7.6.3 음악 편집 및 조정

- 생성된 음악을 듣고 원하는 스타일에 맞게 조정할 수 있습니다.
- Suno AI는 장르, 템포, 분위기, 악기, 보컬 스타일 등 세부적인 요소를 조정할 수 있는 커스터마이징 옵션을 제공합니다.
- Custom Mode를 활용하면 가사, 멜로디, 곡 구조 등을 세밀하게 조정할 수 있습니다.
- 생성된 음악을 수정하거나 길이를 연장할 수 있습니다.
- 반복적인 실험과 수정을 통해 원하는 음악에 가까워질 수 있습니다.

## 7.6.4 음악 편집 및 조정

- 생성된 음악은 다운로드하거나 공유할 수 있습니다.
- 개인 창작, 교육, 콘텐츠 제작, 광고 등 다양한 분야에서 활용할 수 있습니다.
- 유튜브, 소셜 미디어, 팟캐스트, 게임, 영화 등의 배경 음악이나 테마 음악으로 사용할 수 있습니다.
- 유료 플랜을 통해 생성된 음악을 상업적으로 활용할 수 있습니다.
- 커뮤니티에 공유하여 피드백을 받을 수도 있습니다.

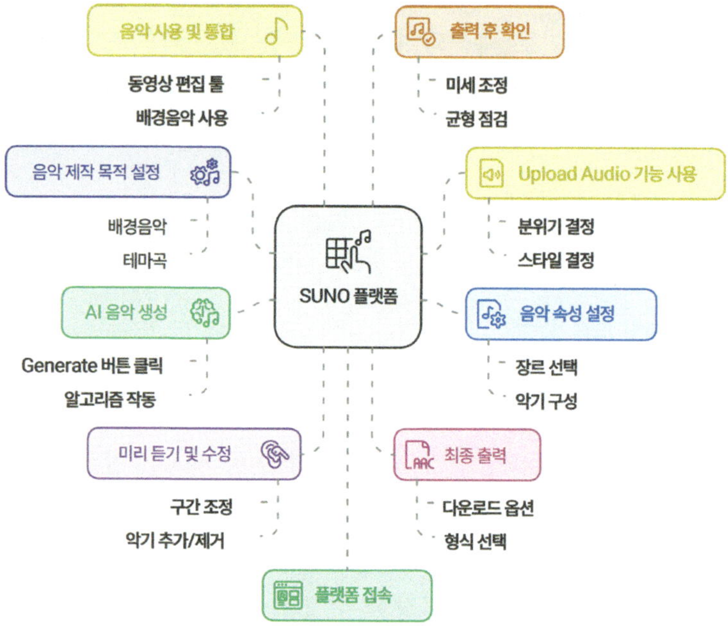


[그림] Suno AI 음악 만들기 프로세스

## 7.6.4 음악 편집 및 조정

| 장점 | 단점 |
|---|---|
| 음악적 지식이 없어도 쉽게 음악을 제작할 수 있음 | 음질이 다른 도구에 비해 다소 부족할 수 있음 |
| 다양한 스타일과 장르의 음악을 빠르게 생성 가능 | 생성된 음악이 반복적이고 독창성이 부족할 가능성이 있음 |
| 창작 과정에서 새로운 가능성과 아이디어를 얻을 수 있음 | 무료 크레딧이 제한적이며 표현의 다양성이 부족할 수 있음 |
| 시간과 비용을 절약할 수 있음 | 한국어 발음 및 음질 조정에서 개선이 필요함 |
| 보컬 및 가사를 포함한 음악 제작 가능 | 가사 배치가 부자연스럽거나 멜로디와 조화가 부족할 수 있음 |
| 텍스트 기반으로 간단한 조작만으로 음악을 만들 수 있음 | 생성된 음악이 기대한 결과와 일치하지 않을 수도 있음 |

[표] Suno AI의 장단점

이러한 장단점을 고려하여 Suno AI를 활용하면 창의적인 음악 제작에 도움을 받을 수 있습니다. 지속적인 업데이트를 통해 더욱 발전된 음악 제작 경험을 제공할 것으로 기대됩니다.

# 7.7 Suno ai로 노래 만들기

7장 생성형 AI를 이용한 음악 제작 기초

## 7.7.1 프롬프트 엔지니어링의 중요성 : 원하는 음악을 얻기 위한 핵심

- Suno AI는 프롬프트에 따라 음악의 스타일, 분위기, 악기 구성, 보컬 유무 등 다양한 요소를 제어할 수 있습니다. 명확하고 구체적인 프롬프트를 입력할수록 사용자가 원하는 음악에 더욱 가까운 결과물을 얻을 수 있습니다. 반대로, 모호하거나 일반적인 프롬프트는 예측하기 어렵거나 만족스럽지 못한 결과를 낳을 수 있습니다.
- 따라서 Suno AI를 효과적으로 사용하기 위해서는 프롬프트 엔지니어링 능력을 키우는 것이 매우 중요합니다. 이는 단순히 단어를 나열하는 것을 넘어, 음악적 요소와 표현을 정확하게 이해하고 이를 텍스트로 효과적으로 전달하는 기술입니다.
- Suno AI는 다국어를 지원하여 다양한 언어로 음악을 생성할 수 있습니다.
- **가사 및 보컬 생성:** Suno AI는 다양한 언어로 가사와 보컬을 생성할 수 있으며, 한국어, 영어, 프랑스어등 50여개국의 다국어를 지원합니다.
- **글로벌 사용자:** 이러한 다국어 지원은 Suno AI를 글로벌 사용자들에게 적합하게 만듭니다.

## 7.7.2 효과적인 프롬프트 작성을 위한 핵심 요소

- Suno AI 프롬프트는 자유로운 형식으로 작성할 수 있지만, 효과적인 음악 생성을 위해서는 다음과 같은 핵심 요소를 고려하는 것이 좋습니다.
- Suno AI는 특히 영어 프롬프트에 최적화되어 있다는 의견도 있지만, 한국어 프롬프트도 충분히 활용 가능합니다.
- 필요에 따라 한국어와 영어를 혼용하여 더욱 효과적인 프롬프트를 작성할 수도 있습니다.
- Suno AI의 언어 지원 기능은 음악 제작의 접근성을 높이고 다양한 문화권의 사용자들이 자신만의 음악을 창작할 수 있도록 돕습니다.

**고려할 사항**

- **음악 장르 (Genre):** 음악의 스타일을 결정하는 가장 중요한 요소입니다. 팝, 록, 클래식, 힙합, 재즈, 발라드, 댄스, EDM, 국악, 영화 음악 등 구체적인 장르를 명시할수록 원하는 스타일의 음악을 얻을 가능성이 높아집니다.
- **분위기/무드 (Mood):** 음악의 감정적인 톤을 설정합니다. 밝고 신나는, 슬프고 애절한, 웅장하고 드라마틱한, 편안하고 잔잔한, 긴장감 넘치는 등 원하는 분위기를 명확하게 표현해야 합니다. 형용사, 감정 단어, 상황 묘사 등을 활용할 수 있습니다.
- **악기 구성 (Instrumentation):** 사용될 악기를 지정하여 음악의 사운드 질감을 조절할 수 있습니다. 피아노, 기타, 드럼, 베이스, 오케스트라, 신디사이저, 현악기, 관악기, 민속 악기 등 원하는 악기 조합을 명시할 수 있습니다. 특정 악기의 강조, 특정 악기 제외 등 세부적인 설정도 가능합니다.
- **템포/리듬 (Tempo/Rhythm):** 음악의 빠르기와 리듬감을 설정합니다. 빠르고 신나는 템포, 느리고 잔잔한 템포, 경쾌한 리듬, 웅장한 리듬 등 원하는 템포와 리듬 스타일을 묘사할 수 있습니다. "빠른 템포의 댄스곡", "느린 발라드 리듬"과 같이 표현할 수 있습니다.
- **보컬 유무 및 스타일 (Vocals & Style):** 보컬의 유무, 보컬 스타일 (남성/여성 보컬, 랩, 합창, 오페라 등), 보컬 분위기 (맑고 청아한, 허스키한, 강렬한 등)를 지정할 수 있습니다. Custom Mode를 활용하면 가사까지 직접 입력하여 더욱 정교한 보컬 음악을 만들 수 있습니다.
- **특정 키워드/지시사항 (Keywords/Instructions):** 멜로디 스타일, 하모니, 곡 구조,

특정 시대 음악 스타일 (80년대 신스팝, 90년대 힙합 등), 악기 연주 방식 (예: "기타 솔로 강조") 등 더욱 구체적인 지시사항을 추가하여 원하는 음악에 더욱 가깝게 만들 수 있습니다.

- **가사 (Lyrics - Custom Mode):** Custom Mode에서는 직접 가사를 입력하여 원하는 메시지와 스토리를 담은 음악을 만들 수 있습니다. 가사의 내용, 운율, 어조 등을 통해 음악의 분위기와 의미를 더욱 풍부하게 만들 수 있습니다.

## 7.7.3 다양한 프롬프트 사용 예시 및 분석

### i. Basic Mode 프롬프트 예시

Basic Mode는 간단하게 텍스트 프롬프트만 입력하여 음악을 생성하는 모드입니다. 초보 사용자에게 적합하며, 빠르게 다양한 음악 아이디어를 탐색하기 좋습니다.

**[예시 1]**

#### 장르 + 분위기 (가장 기본적인 프롬프트)

- **프롬프트:** 신나는 팝 음악
- **예상 결과:** 밝고 경쾌한 멜로디, 댄서블한 리듬, 대중적인 악기 구성 (드럼, 베이스, 신디사이저 등)의 팝 음악 생성
- **활용:** 일상적인 배경 음악, 긍정적인 분위기 연출, 가벼운 콘텐츠 배경 음악

- **프롬프트:** 슬픈 발라드
- **예상 결과:** 애절하고 감성적인 멜로디, 느린 템포, 피아노, 현악기 등 발라드에 어울리는 악기 구성, 슬픈 분위기의 보컬 (여성 보컬 가능성 높음)
- **활용:** 감성적인 영상 배경 음악, 슬픈 분위기 연출, 개인적인 감정 표현

## [예시 2]

### 장르 + 분위기 + 악기

- **프롬프트:** 잔잔한 피아노 발라드
- **예상 결과:** 피아노 중심의 발라드, 차분하고 편안한 분위기, 멜로디 라인이 강조된 음악, 보컬은 없을 수도 있음 (피아노 연주곡 가능성)
- **활용:** 휴식, 명상, ASMR 콘텐츠 배경 음악, 카페 분위기 연출

- **프롬프트:** 강렬한 록 기타 음악
- **예상 결과:** 일렉 기타 리프 중심의 록 음악, 빠른 템포, 드럼과 베이스 연주, 에너지 넘치는 분위기, 남성 보컬 가능성
- **활용:** 액션 게임, 스포츠 영상 배경 음악, 강렬한 분위기 연출

## [예시 3]

### 장르 + 분위기 + 악기 + 템포

- **프롬프트:** 빠른 템포의 신나는 댄스곡, 신스사이저와 드럼 머신 사용
- **예상 결과:** 신스사이저와 드럼 머신 기반의 EDM 댄스 음악, 빠른 템포와 반복적인 리듬, 클럽 분위기, 보컬은 짧은 샘플링이나 효과음 위주
- **활용:** 댄스 챌린지, 클럽 분위기 연출, 에너지 넘치는 영상 배경 음악

- **프롬프트:** 느린 템포의 재즈 피아노 트리오
- **예상 결과:** 피아노, 베이스, 드럼으로 구성된 재즈 트리오 연주곡, 느린 템포의 스윙 리듬, 차분하고 세련된 분위기, 즉흥 연주 느낌
- **활용:** 고급 레스토랑, 바 분위기 연출, 차분한 영상 배경 음악

**[예시 4]**

### 더욱 구체적인 프롬프트

- **프롬프트:** 1980년대 신스팝 스타일의 복고풍 음악, 반짝이는 신디사이저 사운드, 여성 보컬
- **예상 결과:** 80년대 신스팝 스타일의 음악, 밝고 경쾌한 분위기, 반짝이는 신디사이저 사운드, 여성 보컬, 복고적인 멜로디와 리듬
- **활용:** 레트로 컨셉 콘텐츠, 복고풍 분위기 연출, 80년대 향수를 자극하는 영상 배경 음악

- **프롬프트:** 웅장하고 서사적인 오케스트라 영화 음악, 다크 판타지 분위기, 긴장감 고조
- **예상 결과:** 웅장한 오케스트라 사운드, 다크 판타지 영화에 어울리는 분위기, 긴장감을 고조시키는 멜로디와 하모니, 웅장한 팀파니와 현악기 연주
- **활용:** 영화 예고편, 게임 시네마틱 영상, 드라마틱한 분위기 연출

**[예시 5]**

### 추상적인 표현 활용

- **프롬프트:** 밤하늘의 별빛을 담은 음악
- **예상 결과:** 몽환적이고 신비로운 분위기, 잔잔하고 아름다운 멜로디, 신디사이저, 피아노, 현악기 등 몽환적인 사운드, 별빛이 연상되는 반짝이는 효과음
- **활용:** 밤하늘, 우주 관련 콘텐츠, 몽환적인 분위기 연출, ASMR 콘텐츠

- **프롬프트:** 미래 도시의 활기찬 분위기를 표현하는 음악
- **예상 결과:** 첨단 기술, 사이버펑크 분위기, 빠르고 역동적인 리듬, 신디사이저, 드럼 머신, 효과음 등 미래적인 사운드, 에너지 넘치는 분위기
- **활용:** 미래 도시 배경 영상, IT 기술 소개 영상, 활기찬 분위기 연출

## ii. Basic Mode 프롬프트 예시

Custom Mode는 가사를 직접 입력하여 더욱 정교하고 의미 있는 음악을 만들 수 있는 모드입니다. 노래, CM송, 스토리텔링 음악 등 다양한 활용이 가능합니다.

**[예시 1]**

## 사랑 노래 (Custom Mode)

가사의 구조는 (verse)-(Chorus)-(Bridge)-(Chorus) 형태

- **프롬프트:** 따뜻하고 감미로운 멜로디의 사랑 노래, 어쿠스틱 기타와 피아노 반주
- **가사:**

(Verse 1)
햇살처럼 따스한 너의 미소
오늘도 내 하루를 비춰주네

(Chorus)
사랑해 사랑해 이 말 밖에는
너에게 줄 수 있는 말이 없어
내 맘 가득한 사랑을
너에게 모두 줄게

(Verse 2)
별빛처럼 아름다운 너의 눈빛
영원히 내 곁에 머물러줘

(Chorus)
사랑해 사랑해 이 말 밖에는
너에게 줄 수 있는 말이 없어
내 맘 가득한 사랑을
너에게 모두 줄게

(Bridge)
시간이 흘러도 변치 않을
너와 나의 사랑 이야기

(Chorus)
사랑해 사랑해 이 말 밖에는

너에게 줄 수 있는 말이 없어
내 맘 가득한 사랑을
너에게 모두 줄게

- **예상 결과:** 어쿠스틱 기타와 피아노 반주, 따뜻하고 감미로운 멜로디, 여성 보컬 (맑고 청아한 음색), 사랑스러운 분위기의 발라드 곡
- **활용:** 연인에게 선물하는 노래, 결혼식 축가, 사랑 고백 영상 배경 음악

**[예시 2]**

## CM송 (Custom Mode)

- **프롬프트:** 중독성 있는 멜로디의 밝고 신나는 CM송, 드럼과 베이스, 신디사이저 사용
- **가사:**

(Verse 1)
매일매일 즐거움 가득
(제품 이름)과 함께라면

(Chorus)
(제품 이름) (제품 이름)
우리 모두 (제품 이름)
신나게 즐겨봐요
(제품 이름)

(Verse 2)
언제 어디서나 편리하게
(제품 이름)과 함께라면

(Chorus)
(제품 이름) (제품 이름)
우리 모두 (제품 이름)

신나게 즐겨봐요
(제품 이름)

- **예상 결과:** 드럼, 베이스, 신디사이저 기반의 CM송, 중독성 있는 멜로디, 밝고 신나는 분위기, 남녀 혼성 보컬 가능성, 반복적인 후렴구
- **활용:** 제품 홍보 영상, 유튜브 광고, 행사 배경 음악

**[예시 3]**

### 스토리텔링 음악 (Custom Mode)

- **프롬프트:** 어두운 숲 속에서 길을 잃은 소녀의 불안과 희망을 담은 음악, 첼로와 피아노 연주, 긴장감과 서정성이 공존
- **가사:**

(Verse 1)
어두컴컴 숲 속에 홀로 남겨진
작은 소녀 발걸음 무거워져

(Chorus)
두려움에 떨리는 작은 어깨
하지만 포기하지 않아
저 멀리 빛을 향해 나아가

(Verse 2)
차가운 바람 불어와 옷깃을 여미지만
마음 속엔 희망의 불꽃 타오르네

(Chorus)
두려움에 떨리는 작은 어깨
하지만 포기하지 않아

저 멀리 빛을 향해 나아가

(Bridge)
어둠 속에서 길을 잃을지라도
별빛 따라 용기를 내어 걸어가리

(Chorus)
두려움에 떨리는 작은 어깨
하지만 포기하지 않아
저 멀리 빛을 향해 나아가

- **예상 결과:** 첼로와 피아노 중심의 연주곡, 어둡고 긴장감 넘치는 분위기, 서정적인 멜로디 라인, 소녀의 불안과 희망을 표현하는 음악, 간혹 여성 보컬의 내레이션 추가 가능성
- **활용:** 단편 영화, 오디오 드라마, 감성적인 스토리텔링 콘텐츠 배경 음악

## 7.7.3 프롬프트 작성 팁 및 추가 활용

- **구체적이고 명확하게 작성:** 원하는 음악 스타일, 분위기, 악기 등을 최대한 구체적으로 묘사할수록 만족스러운 결과를 얻을 수 있습니다.
- **다양한 키워드 활용:** 장르, 분위기, 악기 외에도 템포, 리듬, 보컬 스타일, 시대적 배경, 특정 아티스트 스타일 등 다양한 키워드를 활용하여 더욱 풍부하고 개성적인 음악을 만들 수 있습니다.
- **추상적인 표현 시도:** "밤하늘의 별빛", "미래 도시의 활기" 등 추상적인 표현을 사용하여 예상치 못한 창의적인 음악을 얻을 수 있습니다.
- **반복적인 실험과 수정:** 한 번에 완벽한 프롬프트를 작성하기는 어렵습니다. 다양한 프롬프트를 시도하고, 생성된 음악을 평가하며 프롬프트를 수정하는 과정을 통해 점차 원하는 음악에 가까워질 수 있습니다.
- **Suno AI 커뮤니티 활용:** Suno AI 커뮤니티에서 다른 사용자들의 프롬프트 예시를 참고하고, 자신의 프롬프트를 공유하며 아이디어를 얻을 수 있습니다.
- **음악적 지식 활용 (선택 사항):** 음악 용어 (예: "마이너 스케일", "7th 코드", "스윙 리듬")

를 프롬프트에 활용하면 더욱 정교한 음악 제작이 가능합니다. 하지만 음악적 지식이 없어도 충분히 좋은 음악을 만들 수 있습니다.

- **영어 프롬프트 활용:** Suno AI는 영어 프롬프트에 더욱 최적화되어 있다는 의견도 있습니다. 필요에 따라 영어 프롬프트를 활용해 보는 것도 좋은 방법입니다. (예: "Energetic synth-pop with 80s vibe, female vocal")

Suno AI는 텍스트 프롬프트만으로 놀라운 음악을 만들 수 있는 강력한 도구입니다. 프롬프트 엔지니어링 능력을 키우고 다양한 프롬프트 사용법을 익힌다면, 누구나 Suno AI를 통해 자신만의 독창적인 음악 세계를 펼쳐나갈 수 있습니다.

8장

# 동요 제작과 융합 콘텐츠

1. 동요의 특징 이해
2. 동요 프롬프트 작성을 위한 핵심 요소
3. 다양한 프롬프트 예시 및 분석 (Basic Mode & Custom Mo
4. 동요 프롬프트 작성 팁 및 추가 활용
5. 고급 프롬프트 작성방법
6. 최신 업데이트 활용 팁
7. Suno AI로 직접 동요 만들기

# 8.1 동요의 특징 이해

Suno AI는 지속적인 업데이트를 통해 음악 생성 품질과 기능이 꾸준히 향상되고 있습니다. 최근 업데이트들은 특히 AI 모델의 이해도 향상, 더욱 자연스러운 보컬 생성, 다양한 악기 및 장르 지원 강화에 초점을 맞추고 있습니다. 이러한 최신 업데이트를 활용하면 더욱 풍성하고 다채로운 동요를 Suno AI로 만들 수 있습니다.

Suno AI는 다양한 장르의 음악 생성이 가능하며, 특히 동요(童謠)와 같이 순수하고 밝은 음악을 만드는 데에도 효과적으로 활용될 수 있습니다. 동요는 어린이들을 위한 노래인 만큼, 특정 분위기, 가사, 멜로디 특징을 가지므로, 이를 반영한 프롬프트 작성이 중요합니다.

Suno AI를 활용하여 동요를 효과적으로 생성하기 위한 프롬프트 사용법과 다양한 예시를 제공합니다. 동요 특성에 맞는 프롬프트 요소, Basic Mode와 Custom Mode 활용법, 그리고 실제 예시들을 통해 Suno AI로 사랑스러운 동요를 만드는 방법을 자세히 알아보겠습니다.

### 8.1.1 프롬프트 작성 기초

효과적인 동요 프롬프트를 작성하기 위해서는 동요의 일반적인 특징을 이해하는 것이 중요합니다.

- **단순하고 쉬운 멜로디:** 어린이들이 쉽게 따라 부를 수 있도록 멜로디가 단순하고 음역대가 넓지 않습니다. 반복적인 멜로디 패턴이 많습니다.
- **밝고 긍정적인 분위기:** 대부분의 동요는 밝고 명랑하며, 긍정적인 감정을 전달합니다. 순수하고 깨끗한 느낌을 주는 경우가 많습니다.
- **쉬운 가사와 반복적인 후렴구:** 어린이들의 어휘력 수준에 맞춰 쉽고 간결한 가사를 사용하며, 기억하기 쉽도록 반복적인 후렴구를 포함하는 경우가 많습니다.
- **교육적인 내용 또는 재미있는 이야기:** 자연, 동물, 가족, 친구, 일상생활 등 어린이들의 관심사를 다루거나, 교육적인 메시지, 재미있는 이야기를 담고 있는 경우가 많습니다.
- **주로 어쿠스틱 악기 사용:** 피아노, 기타, 실로폰, 리코더, 멜로디언, 작은북 등 밝고 맑은 음색의 어쿠스틱 악기를 주로 사용합니다. 전자 악기를 사용하더라도 단순하고 부드러운 사운드를 활용합니다.
- **적당한 템포:** 너무 빠르거나 느리지 않은, 어린이들이 따라 부르기 적당한 템포를 유지합니다.

# 8.2 동요 프롬프트 작성을 위한 핵심 요소



Suno AI 프롬프트에 동요의 특징을 반영하여 원하는 결과물을 얻기 위해 다음과 같은 요소들을 활용할 수 있습니다.

- **장르 (Genre):** "Children's song", "동요" 와 같이 명확하게 장르를 지정합니다.
- **분위기/무드 (Mood):** "Bright", "cheerful", "happy", "playful", "innocent", "cute", "warm", "gentle", "pure" 와 같은 단어로 동요의 밝고 긍정적인 분위기를 표현합니다. 한국어로는 "밝은", "신나는", "즐거운", "장난기 있는", "순수한", "귀여운", "따뜻한", "잔잔한", "맑은" 등을 사용할 수 있습니다.
- **악기 구성 (Instrumentation):** "Piano", "acoustic guitar", "ukulele", "xylophone", "recorder", "melodica", "light percussion", "simple synth" 등 동요에 어울리는 악기를 지정합니다. "Avoid heavy drums", "no electric guitar", "exclude complex synths" 와 같이 특정 악기를 제외하도록 지시할 수도 있습니다. 한국어로는 "피아노", "어쿠스틱 기타", "우쿨렐레", "실로폰", "리코더", "멜로디언", "가벼운 타악기", "단순한 신디사이저" 등을 사용할 수 있습니다. "무거운 드럼 제외", "일렉 기타 없이", "복잡한 신디사이저 제외" 와 같이 부정적인 지시도 가능합니다.
- **템포 (Tempo):** "Moderate tempo", "easy tempo", "sing-along tempo", "danceable rhythm" 과 같이 어린이들이 따라 부르기 쉽고 율동하기 좋은 템포를 지정합니다. 한국어로는 "적당한 템포", "쉬운 템포", "따라 부르기 쉬운 템포", "율동하

기 좋은 리듬" 등으로 표현할 수 있습니다.

- **가사 테마 (Lyrical Theme – Custom Mode):** Custom Mode를 사용하는 경우, 가사의 테마를 지정할 수 있습니다. "Animals", "nature", "friendship", "family", "daily life", "learning", "counting", "alphabet" 등 동요에서 자주 다루는 주제를 활용합니다. 한국어로는 "동물", "자연", "우정", "가족", "일상생활", "배움", "숫자 세기", "알파벳" 등을 사용할 수 있습니다.
- **키워드 (Keywords):** "Cute", "innocent", "playful", "educational", "storytelling" 등 동요의 특징을 나타내는 키워드를 추가하여 프롬프트의 의도를 명확하게 전달할 수 있습니다. 한국어로는 "귀여운", "순수한", "장난기 있는", "교육적인", "이야기 형식의" 등을 사용할 수 있습니다.

# 8.3 다양한 프롬프트 예시 및 분석 (Basic Mode & Custom Mode)



다양한 프롬프트 예시를 통해 동요 생성 시 각 요소들이 어떻게 적용되는지 살펴보겠습니다.

## 8.3.1 Basic Mode 프롬프트 예시

Basic Mode는 간단한 텍스트 프롬프트만으로 빠르게 동요를 생성할 수 있습니다.

**[예시 1]**

### 가장 기본적인 동요 프롬프트

- **프롬프트 (한국어):** 동요
- **프롬프트 (영어):** Children's song
- **예상 결과:** 밝고 경쾌한 멜로디, 단순한 악기 구성 (피아노, 실로폰 등), 어린이 목소리 (여성 또는 어린이 목소리 가능성 높음), 긍정적이고 순수한 분위기의 동요 생성
- **활용:** 빠르게 동요 아이디어 스케치, 어린이 콘텐츠 배경 음악 초안 제작

## [예시 2]

### 분위기 강조 프롬프트

- **프롬프트 (한국어):** 밝고 신나는 동요
- **프롬프트 (영어):** Cheerful and upbeat children's song
- **예상 결과:** 더욱 활기차고 에너지 넘치는 멜로디, 빠른 템포, 댄스 율동에 어울리는 리듬, 밝고 긍정적인 분위기 강조
- **활용:** 운동회, 놀이 시간 등 활동적인 분위기에 어울리는 동요, 어린이 댄스 콘텐츠 배경 음악

- **프롬프트 (한국어):** 잔잔하고 따뜻한 동요
- **프롬프트 (영어):** Gentle and warm children's song
- **예상 결과:** 부드럽고 편안한 멜로디, 느린 템포, 피아노, 어쿠스틱 기타 등 따뜻한 음색 악기 사용, 포근하고 안정적인 분위기 강조
- **활용:** 취침 시간, 휴식 시간 등 차분한 분위기에 어울리는 동요, ASMR, 명상 콘텐츠 배경 음악

## [예시 3]

### 악기 구성 지정 프롬프트

- **프롬프트 (한국어):** 피아노와 실로폰 동요
- **프롬프트 (영어):** Children's song with piano and xylophone
- **예상 결과:** 피아노와 실로폰이 주 악기로 사용된 동요, 맑고 경쾌한 음색 강조, 멜로디와 리듬이 더욱 명확하게 드러남
- **활용:** 악기 교육 콘텐츠 배경 음악, 특정 악기 음색 강조하고 싶을 때

- **프롬프트 (한국어):** 우쿨렐레와 가벼운 타악기 동요
- **프롬프트 (영어):** Children's song with ukulele and light percussion
- **예상 결과:** 우쿨렐레의 통통 튀는 음색과 가벼운 타악기의 리듬이 조화된 동요, 발랄하고 장난기 넘치는 분위기 연출
- **활용:** 여름, 휴가, 야외 활동 테마 동요, 밝고 활기찬 분위기 강조

**[예시 4]**

### 더욱 구체적인 묘사 추가 프롬프트

- **프롬프트 (한국어):** 숲 속 동물 친구들을 위한 귀엽고 맑은 동요
- **프롬프트 (영어):** Cute and pure children's song for forest animal friends
- **예상 결과:** 숲 속 동물들이 연상되는 밝고 맑은 분위기, 귀엽고 사랑스러운 멜로디, 피아노, 플루트, 실로폰 등 자연 친화적인 악기 사용 가능성, 순수하고 동화적인 느낌 강조
- **활용:** 동물, 자연 테마 동요, 동화 콘텐츠 배경 음악, 어린이 교육 영상 배경 음악

- **프롬프트 (한국어):** 숫자 세기를 배우는 신나는 교육 동요, 템포는 조금 빠르게
- **프롬프트 (영어):** Upbeat educational children's song for learning to count, slightly fast tempo
- **예상 결과:** 숫자 세기를 주제로 한 교육적인 가사 (Suno AI 자체 생성 가사), 신나고 활기찬 멜로디, 빠른 템포, 어린이들이 율동하며 숫자 세기를 배울 수 있도록 유도
- **활용:** 숫자 교육 콘텐츠, 유아 교육 기관 활용, 놀이 학습 콘텐츠 배경 음악 음악

## 8.3.2 Custom Mode 프롬프트 예시 (가사 포함 동요)

Custom Mode에서는 직접 가사를 입력하여 원하는 주제와 메시지를 담은 동요를 만들 수 있습니다.

* 동화책 스토리를 기반으로 ChatGPT, Claude등의 챗봇과 함께 가사를 만들어 보세요.

**[예시 1]**

### 동물 동요 (Custom Mode)

- **프롬프트 (한국어):** 귀여운 동물 친구들 노래, 피아노 반주
- **프롬프트 (영어):** Cute animal friends song, piano accompaniment
- **가사 (한국어 예시):**

(Verse 1)
멍멍 강아지 야옹 고양이
뒤뚱 오리 꿀꿀 돼지
우리 모두 귀여운 동물 친구

(Chorus)
랄랄라 랄랄라 신나는 노래
동물 친구들과 함께 불러요
랄랄라 랄랄라 즐거운 노래
우리 모두 다 같이 춤춰요

(Verse 2)
깡총 토끼 폴짝 원숭이
어흥 사자 부릉 자동차
우리 모두 재미있는 동물 친구

(Chorus)
랄랄라 랄랄라 신나는 노래
동물 친구들과 함께 불러요
랄랄라 랄랄라 즐거운 노래
우리 모두 다 같이 춤춰요

- **예상 결과:** 피아노 반주, 귀엽고 밝은 멜로디, 어린이 목소리 (여성 또는 어린이), 동물 이름 반복, 쉽고 재미있는 가사, 율동 유도하는 리듬
- **활용:** 동물원, 농장 체험 영상 배경 음악, 동물 교육 콘텐츠, 어린이 공연

**[예시 2]**

## 친구와 우정 동요 (Custom Mode)

- **프롬프트 (한국어):** 친구와 함께 놀 때 부르는 신나는 노래, 우쿨렐레 연주
- **프롬프트 (영어):** Upbeat song for playing with friends, ukulele playing
- **가사 (한국어 예시):**

(Verse 1)
손을 잡고 함께 뛰어놀자
우리들은 모두 다 친구
웃음꽃 피는 즐거운 시간
함께라서 더욱 행복해

(Chorus)
랄랄라 랄랄라 친구야 좋아
랄랄라 랄랄라 함께라서 즐거워
우리 우정 영원히
변치 않기를

(Verse 2)
함께 그림 그리고 노래하자
우리들은 소중한 친구
힘들 때도 서로 도와주며
언제나 함께 웃자

(Chorus)
랄랄라 랄랄라 친구야 좋아
랄랄라 랄랄라 함께라서 즐거워
우리 우정 영원히
변치 않기를

- **예상 결과:** 우쿨렐레 연주, 밝고 경쾌한 멜로디, 어린이 합창 (가능성 있음), 친구와 우정 주제, 긍정적이고 따뜻한 메시지, 함께 율동하며 부르기 좋은 곡
- **활용:** 친구, 우정 테마 동요, 어린이집, 유치원 교육 자료, 친구 관계 증진 콘텐츠

## [예시 3]

### 교육적인 내용 담은 동요 (Custom Mode)

- **프롬프트 (한국어):** 칭찬하는 습관을 길러주는 교육 동요, 리코더와 실로폰 연주
- **프롬프트 (영어):** Educational children's song to encourage complimenting habits, recorder and xylophone playing
- **가사 (한국어 예시):**

(Verse 1)
예쁜 말 한마디 칭찬 한마디
친구에게 건네봐요
마음이 따뜻해지는 마법
함께 느껴봐요

(Chorus)
칭찬 칭찬 칭찬해
예쁜 마음 담아서
칭찬 칭찬 칭찬해
모두 행복해져요

(Verse 2)
잘한 일 있으면 칭찬해 주고
예쁜 모습 칭찬해 주고
칭찬은 용기를 줘요
더 잘 할 수 있게

(Chorus)
칭찬 칭찬 칭찬해
예쁜 마음 담아서
칭찬 칭찬 칭찬해
모두 행복해져요

- **예상 결과:** 리코더와 실로폰 연주, 맑고 깨끗한 멜로디, 어린이 목소리, 칭찬 주제, 교육적인 메시지, 긍정적인 가사 내용, 차분하고 따뜻한 분위기
- **활용:** 인성 교육 자료, 유아 교육 기관 활용, 긍정적인 습관 형성 콘텐츠

# 8.4 동요 프롬프트 작성 팁 및 추가 활용

8장 동요 제작과 융합 콘텐츠

- **간결하고 명확하게 작성:** 어린이들이 이해하기 쉽도록 쉽고 간결한 단어를 사용하여 프롬프트를 작성합니다.
- **긍정적인 분위기 강조:** "밝은", "신나는", "즐거운", "따뜻한" 등 긍정적인 분위기를 나타내는 단어를 적극적으로 활용합니다.
- **동요에 적합한 악기 선택:** 피아노, 우쿨렐레, 실로폰, 리코더 등 동요에 자주 사용되는 악기를 지정하여 친숙하고 편안한 느낌을 더합니다.
- **Custom Mode 적극 활용:** 원하는 주제와 메시지를 담은 동요를 만들기 위해 Custom Mode에서 직접 가사를 입력하는 것을 추천합니다.
- **반복적인 실험과 수정:** 다양한 프롬프트를 시도하고, 생성된 결과물을 확인하며 프롬프트를 수정하는 과정을 통해 원하는 동요에 가까워질 수 있습니다.
- **실제 동요 참고:** 기존 동요들을 참고하여 멜로디, 가사, 분위기 등 영감을 얻고, 이를 프롬프트에 반영해 보세요.
- **한국어/영어 프롬프트 혼용:** Suno AI는 영어 프롬프트에 더 잘 반응하는 경향이 있지만, 한국어 프롬프트도 충분히 활용 가능합니다. 필요에 따라 한국어와 영어를 혼용하여 더욱 효과적인 프롬프트를 작성해 보세요.

# 8.5 고급 프롬프트 작성방법

8장 동요 제작과 융합 콘텐츠

## 8.5.1 더욱 구체적이고 풍부한 묘사

- **분위기 묘사 강화:** 단순한 "밝은 동요" 대신, "햇살처럼 따뜻하고 포근한 동요", "반짝이는 별처럼 맑고 신비로운 동요", "숲 속 요정처럼 귀엽고 장난기 넘치는 동요" 와 같이 더욱 풍부하고 감성적인 표현을 사용합니다.
- **악기 묘사 구체화:** "피아노 동요" 대신, "맑고 청아한 피아노와 실로폰, 리코더가 어우러진 동요", "통통 튀는 우쿨렐레와 아기자기한 멜로디언, 가벼운 탬버린이 함께하는 동요" 와 같이 악기 조합과 음색을 구체적으로 묘사합니다.
- **템포 및 리듬 상세 묘사:** "신나는 동요" 대신, "뛰어놀 듯 활기찬 템포의 댄스 동요", "아장아장 걷는 아기처럼 귀여운 리듬의 동요", "별을 세는 밤처럼 잔잔하고 부드러운 템포의 자장가" 와 같이 템포와 리듬을 더욱 상세하게 묘사합니다.
- **스토리텔링 요소 추가:** "동물 친구들 동요" 대신, "숲 속 동물 친구들이 함께 뛰어노는 즐거운 이야기를 담은 동요", "무지개 언덕을 넘어가는 상상을 담은 신비로운 동요", "착한 어린이가 꿈 속에서 요정을 만나는 따뜻한 이야기를 담은 자장가" 와 같이 스토리를 간략하게 제시하여 더욱 풍부한 상상력을 자극합니다.
- **보컬 스타일 명확히 지정:** "어린이 목소리 동요", "맑고 깨끗한 여성 보컬 동요", "귀엽고 앙증맞은 아기 목소리 동요" 와 같이 원하는 보컬 스타일을 명확하게 지정하여 더욱 적합한 보컬을 얻을 수 있습니다.

- **특정 악기 강조/제외 요청:** "리코더 멜로디를 강조한 동요", "피아노 반주 없이 기타와 우쿨렐레만 사용하는 동요", "드럼이나 강한 비트 없이 부드러운 타악기만 사용하는 동요" 와 같이 특정 악기를 강조하거나 제외하여 원하는 사운드 질감을 더욱 세밀하게 조정할 수 있습니다.
- **장르 및 스타일 구체화:** "전통 동요 스타일", "뮤지컬 넘버 스타일 동요", "자연의 소리(새소리, 물소리 등)를 활용한 동요" 와 같이 장르나 스타일을 구체화하여 더욱 다양한 시도를 할 수 있습니다.

## 8.5.2 고급 동요 프롬프트 예시 (Basic Mode & Custom Mode)

### i. Basic Mode 최신 업데이트 반영 예시

**[예시 1]**

#### 더욱 풍부한 분위기 묘사

- **프롬프트 (한국어):** 햇살 아래 반짝이는 꽃밭에서 나비와 함께 춤추는 듯한, 맑고 쾌활한 피아노 동요
- **프롬프트 (영어):** A cheerful and bright piano children's song, like dancing with butterflies in a flower garden sparkling in the sunlight.
- **기대 효과:** 기존 "밝은 피아노 동요" 프롬프트보다 더욱 생생하고 구체적인 이미지를 AI에게 전달하여, 더욱 풍부하고 다채로운 감성을 담은 동요 생성 가능성 증가

**[예시 2]**

#### 악기 조합 및 음색 구체화

- **프롬프트 (한국어):** 통통 튀는 멜로디언과 맑은 실로폰, 귀여운 탬버린이 함께 연주하는, 장난기 넘치고 발랄한 동요

- **프롬프트 (영어):** A playful and lively children's song played by bouncy melodica, clear xylophone, and cute tambourine.
- **기대 효과:** 특정 악기 조합과 음색을 명확히 제시하여, 더욱 개성 있고 독특한 사운드의 동요 생성 가능성 증가

**[예시 3]**

### 템포 및 리듬 상세 묘사

- **프롬프트 (한국어):** 아장아장 꼬마 아기 걸음마처럼 귀엽고 리드미컬한, 우쿨렐레와 작은 북 동요
- **프롬프트 (영어):** A cute and rhythmic children's song with ukulele and small drum, like a baby's adorable first steps.
- **기대 효과:** 템포와 리듬을 구체적으로 묘사하여, 원하는 리듬감과 율동감을 살린 동요 생성 가능성 증가

**[예시 4]**

### 스토리텔링 요소 추가

- **프롬프트 (한국어):** 밤하늘을 나는 꿈 속에서 반짝이는 별들을 만나는, 신비롭고 몽환적인 자장가
- **프롬프트 (영어):** A mysterious and dreamy lullaby about meeting sparkling stars in a dream flying through the night sky.
- **기대 효과:** 스토리텔링 요소를 추가하여, 더욱 상상력을 자극하고 감성적인 깊이를 더한 동요(자장가) 생성 가능성 증가

## ii. Custom Mode 최신 업데이트 반영 예시

**[예시 5]**

### 보컬 스타일 및 감정 표현 강조 (Custom Mode)

- **프롬프트 (한국어):** 맑고 깨끗한 어린이 목소리로 부르는, 친구와 함께하는 즐거움을 노래하는 밝고 신나는 동요. 리코더와 피아노 반주 사용.
- **프롬프트 (영어):** A bright and cheerful children's song about the joy of being with friends, sung by a clear and pure children's voice. Use recorder and piano accompaniment.
- **가사 (한국어 예시):**

(Verse 1)
손을 잡고 함께 뛰어놀자
우리들은 모두 다 친구
웃음꽃 피는 즐거운 시간
함께라서 더욱 행복해

(Chorus)
랄랄라 랄랄라 친구야 좋아
랄랄라 랄랄라 함께라서 즐거워
우리 우정 영원히
변치 않기를

(Verse 2)
함께 그림 그리고 노래하자
우리들은 소중한 친구
힘들 때도 서로 도와주며
언제나 함께 웃자

(Chorus)
랄랄라 랄랄라 친구야 좋아
랄랄라 랄랄라 함께라서 즐거워

우리 우정 영원히
변치 않기를

- **기대 효과:** 보컬 스타일을 "맑고 깨끗한 어린이 목소리"로 명확히 지정하여 더욱 동요에 적합한 보컬 품질 기대, 가사와 함께 "친구와 함께하는 즐거움"이라는 감정을 강조하여 더욱 생생하고 감동적인 동요 제작 가능성 증가

## [예시 6]

### 특정 악기 강조 및 장르 혼합 시도 (Custom Mode)

- **프롬프트 (한국어):** 전통 동요 멜로디에 현대적인 신디사이저 사운드를 가미한, 퓨전 스타일의 창작 동요. 멜로디언 솔로 부분을 넣어주세요.
- **프롬프트 (영어):** A fusion-style creative children's song that blends traditional Korean children's song melodies with modern synthesizer sounds. Include a melodica solo part.
- **가사 (한국어 예시):**

(Verse 1)
예쁜 말 한마디 칭찬 한마디
친구에게 건네봐요
마음이 따뜻해지는 마법
함께 느껴봐요

(Chorus)
칭찬 칭찬 칭찬해
예쁜 마음 담아서
칭찬 칭찬 칭찬해
모두 행복해져요

(Verse 2)

잘한 일 있으면 칭찬해 주고
예쁜 모습 칭찬해 주고
칭찬은 용기를 줘요
더 잘 할 수 있게

(Chorus)
칭찬 칭찬 칭찬해
예쁜 마음 담아서
칭찬 칭찬 칭찬해
모두 행복해져요

- **기대 효과:** “전통 동요 + 현대 신디사이저” 라는 장르 혼합 시도를 통해 더욱 독창적이고 실험적인 동요 제작 가능성 증가, “멜로디언 솔로” 와 같이 특정 악기 연주 방식을 지정하여 더욱 세밀한 음악 구성 가능

# 8.6 최신 업데이트 활용 팁

8장 동요 제작과 융합 콘텐츠

- **Suno AI 최신 정보 확인:** Suno AI 공식 웹사이트, 커뮤니티, 업데이트 로그 등을 통해 최신 업데이트 내용을 꾸준히 확인하고 활용 전략을 업데이트하세요.
- **다양한 프롬프트 실험:** 최신 업데이트 내용을 바탕으로 더욱 다양하고 창의적인 프롬프트를 시도하고, 결과물을 비교 분석하며 자신만의 프롬프트 작성 노하우를 쌓으세요.
- **Custom Mode 적극 활용:** Custom Mode의 강화된 기능을 적극적으로 활용하여 가사, 멜로디, 곡 구조 등 더욱 세밀한 부분까지 조정하며 완성도 높은 동요를 제작해 보세요.
- **커뮤니티 공유 및 피드백:** 자신이 만든 동요를 Suno AI 커뮤니티에 공유하고 다른 사용자들의 피드백을 통해 개선점을 찾고 더욱 발전시켜 나가세요.

Suno AI는 프롬프트만으로 쉽고 빠르게 동요를 만들 수 있는 훌륭한 도구입니다. 동요의 특징을 이해하고, 제시된 프롬프트 예시와 팁을 활용하여 창의적인 프롬프트를 작성한다면, 누구나 Suno AI를 통해 어린이들의 마음을 사로잡는 아름다운 동요를 만들 수 있습니다.

Suno AI가 선사하는 무한한 음악적 가능성을 통해, 여러분만의 개성 넘치는 동요를 창작하고, 어린이들에게 즐거움과 행복을 선물해 보세요.

# 8.7 Suno로 직접 동요 만들기

8장 동요 제작과 융합 콘텐츠

실제 Suno.com에서 동요 만드는 방법을 설명합니다. Suno.com는 베이직 모드(Basic Mode)와 커스텀 모드(Custom Mode)가 있습니다. 베이직 모드는 프롬프트에 따라 가사를 자동생성해서 음악을 만듭니다. 커스텀 보드는 가사를 직접 입력하는 모드입니다. 물론 커스텀 모드에서도 가사 생성이 가능합니다. 화면 설명에 따라 위에서 나오는 [예시]를 입력해보면서 음악을 만들어 보세요.

Suno.com은 지속적으로 업데이트가 되고 있습니다. 현재는 v4 버전입니다. v3 버전부터 한글을 제대로 인식하고 음악을 만들기 시작했습니다. 발음이 이상한 부분이 간혹 있었으나, v3.5 부터는 한글 가사 인식률이 매우 높아졌으며, v4는 음질이 놀라울 정도로 향상 되었습니다. 앨범으로 발표해도 크게 문제가 되지 않는 수준입니다. v5 버전도 곧 출시될 예정이라고 합니다. v5 버전에서는 어떤 기능이 향상될지 기대가 됩니다.

## 8.7.1 Suno.com 서비스 플랜 (Basic, Pro, Premier)

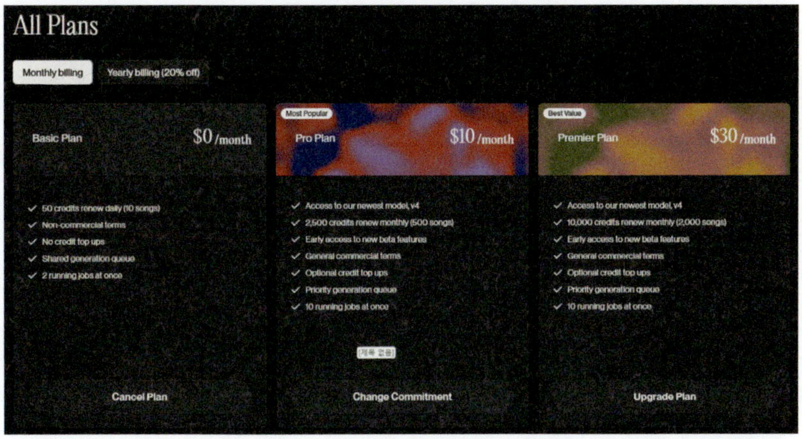


Suno.com은 무료 사용자에게 매일 50크래딧을 지급 합니다. 한번에 2곡(10크래딧)을 만들어주기 때문에 무료로 매일 10곡을 만들어볼 수 있습니다. 그러나, 무료로 만든곡들은 해당 음악의 저작권이 suno.com에 있습니다. 유료 서비스를 활용하여 음악을 만들면 해당 음악의 저작권은 사용자에게 있습니다.

## 8.7.2 Suno.com 메인화면 설명

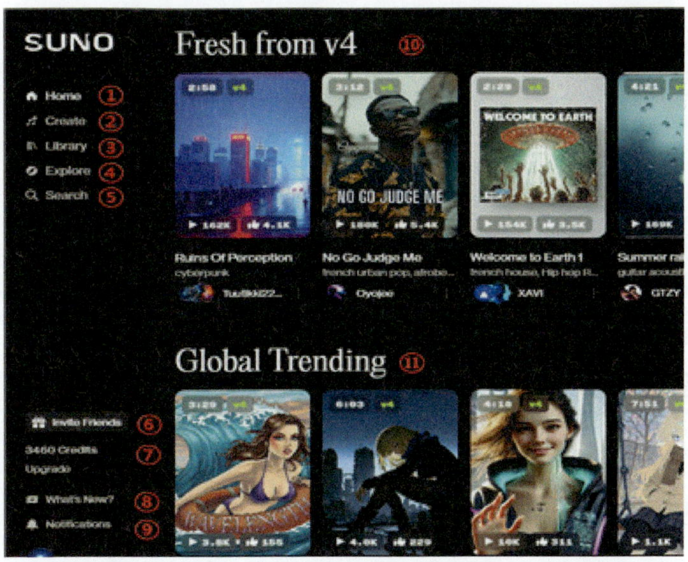

| 번호 | 설명 |
|---|---|
| ① Home | Suno.com의 Home으로 이동 |
| ② Create | 음악을 만드는 화면으로 이동 |
| ③ Library | 자신이 만든 음악을 보관하는 곳으로 이동 |
| ④ Explore | Suno로 만들 수 있는 음악 장르를 확인해 볼 수 있음 |
| ⑤ Search | 음악을 검색해서 찾아볼 수 있음 |
| ⑥ Invite Friends | 친구 초대 할 수 있음, 가입하면 서로 250 크래딧 지급 |
| ⑦ Credits | 음악을 만들 수 있는 크래딧이 표시됨 |
| ⑧ What's New? | Suno의 업데이트 내용을 알려줌 |
| ⑨ Notification | 내가 만든 음악에 대한 반응과 팔로잉 등의 정보 알림 |
| ⑩ ⑪ 카테고리 영역 | Suno가 지정한 다양한 카테고리의 음악을 들어볼 수 있음 |

## 8.7.3 Library - 음악 보관함

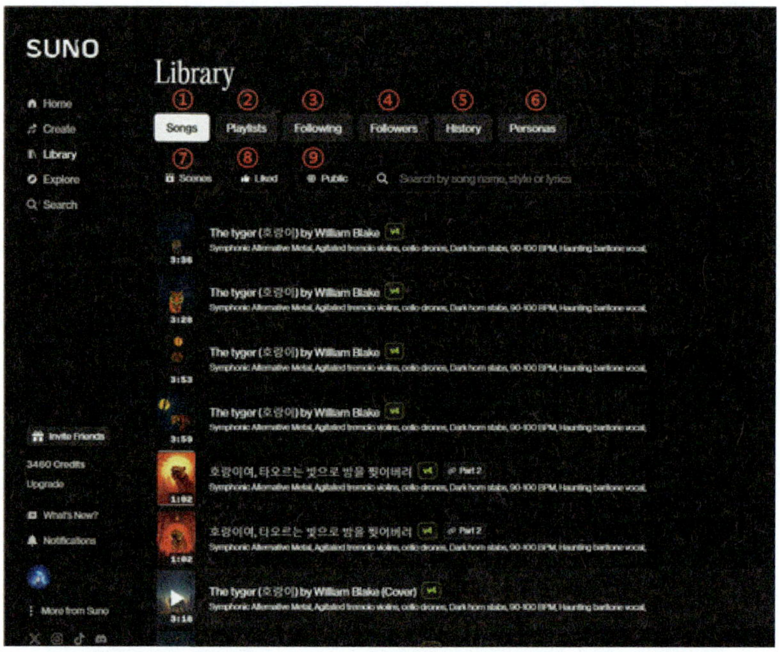


| 번호 | 설명 |
|---|---|
| ① Songs | 내가 만든 음악을 확인합니다. |
| ② Playlists | 다양한 음악 목록을 만들어서 보관할 수 있습니다. |
| ③ Following | 내가 팔로잉한 사용자 목록을 확인합니다. |
| ④ Followers | 나를 팔로우한 사용자 목록을 확인합니다. |
| ⑤ History | 음악 만든 기록을 확인합니다. |

| 번호 | 설명 |
|---|---|
| ⑥ Personas | 내가 만든 음악의 보이스를 페르소나로 지정할 수 있습니다. 페르소나를 활용해서 음악을 만들 수 있습니다. |
| ⑦ Scenes | 모바일앱으로 만든 장면 음악을 확인합니다. |
| ⑧ Liked | '좋아요' 누른 음악을 확인 합니다. |
| ⑨ Public | 내가 만든 음악을 공개한 음악을 확인합니다. |

## 8.7.4 Create - Basic Mode

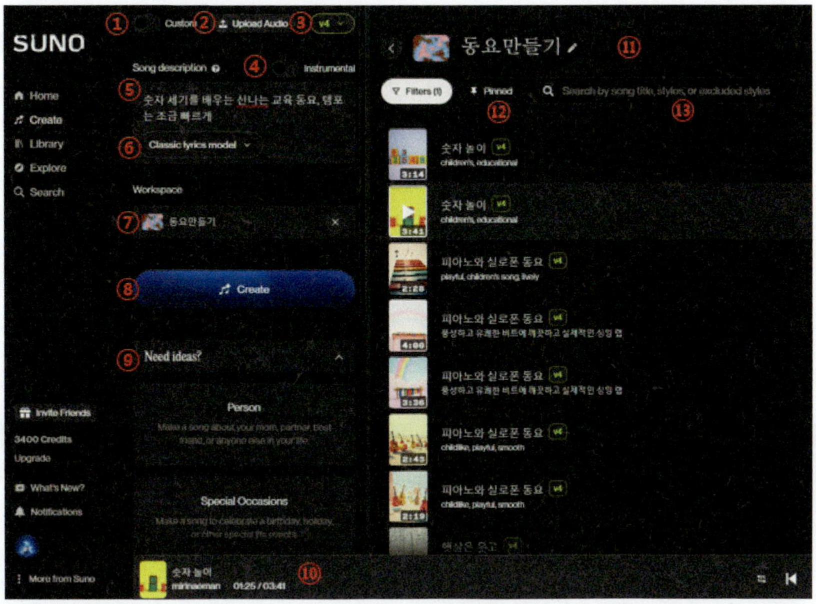


| 번호 | 설명 |
|---|---|
| ① Custom (Off) | 커스텀 모드가 Off일때 베이직 모드입니다. 베이직 모드는 가사를 자동으로 만들어 줍니다. |
| ② Upload Audio | 내가 가지고 있는 음악을 업로드하여 음악을 만듭니다 |
| ③ Suno Version | 음악을 만들때 사용하고자 하는 Suno 버전을 선택 합니다. v3, v3.5, v4 중에서 선택할 수 있습니다. |
| ④ Instrumental (On/Off) | Instrumental On인 경우에는 가사가 없는 연주곡을 만듭니다. Off이면 가사가 있는 음악이 나옵니다. |
| ⑤ Song Description | 음악 스타일을 적거나, 주제를 적는 곳입니다. 프롬프트를 이곳에 기입하면 됩니다. |

| 번호 | 설명 |
|---|---|
| ⑥ Lyrics model | 자동으로 가사가 만들 때 모델을 선택할 수 있습니다.<br>클래식 가사 모델과, ReMi 모델이 있습니다. |
| ⑦ Workspace | 만든 음악을 표시하는 영역 선택할 수 있습니다. |
| ⑧ Create | Create 버튼을 누르면 음악을 만듭니다. (최대 4분) |
| ⑨ Need idears? | 음악을 만드는 아이디어를 추천해 줍니다. |
| ⑩ 음악 재생바 | 만든 음악을 재생합니다. |
| ⑪ Workspace 영역 | 만들어진 음악을 모아두는 곳입니다. |
| ⑫ Pinned | 고정시켜놓은 음악을 필터링해서 보여줍니다 |
| ⑬ Search | 제목, 스타일 등으로 음악을 검색할 수 있습니다. |

Basic Mode Create 화면에서는 Song Description 부분에 프롬프트를 넣으면 자동으로 음악이 만들어집니다. [예시] 프롬프트를 넣고 음악을 만들어 보세요.

## 8.7.5 Create

### i. Custom Mode (part 1)

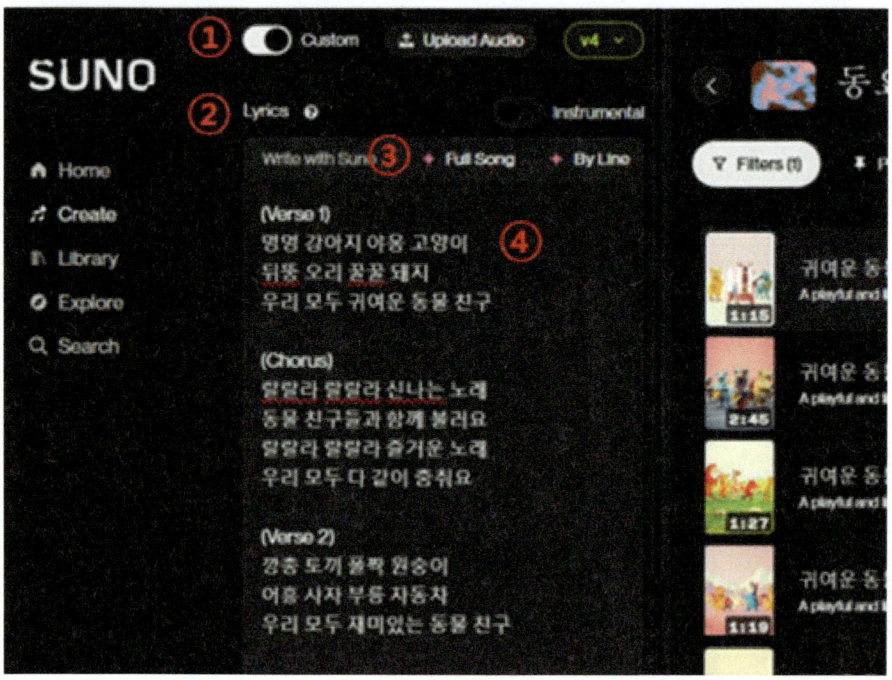

| 번호 | 설명 |
|---|---|
| ① Custom (On) | 커스텀 모드가 On일때 커스텀 모드입니다.<br>본인이 지은 가사를 넣을 수 있습니다. |
| ② Lyrics | 가사를 넣을 수 있습니다. Instrumental (Off) |
| ③ Write with Suno | Suno에서 가사를 생성 시킬 수 있습니다. 전체가사를 생성할 수 있고(Full song), 라인별로 가사를 만들거나 수정할 수 있습니다.(By Line) |
| ④ 가사 영역 | 노래의 가사를 넣는 곳입니다. |

## ii. Custom Mode (part 2)

| 번호 | 설명 |
|---|---|
| ① Style of Music | 프롬프트를 넣는 곳입니다. (매우 중요함)<br>장르, 무드, 템포, 악기구성, 보컬 스타일 형태로 넣어주는 것을 추천 합니다. (200문자 이내)<br>한국어, 영어, 한국어 영어 혼용 모두 가능합니다.<br>하지만, 영어로 입력하는 것을 추천합니다. |

| 번호 | 설명 |
|---|---|
| ② Exclusive Styles | On/Off, On하면 입력창이 활성화 됩니다. |
| ③ Style of Music 입력 | 음악을 만들 스타일, 즉 프롬프트를 입력합니다. |
| ④ Style of Music 추천 | 다양한 스타일을 추천해 줍니다. 선택하면 프롬프트에 입력 됩니다. |
| ⑤ ⑥ Exclusive Styles 입력 | 제외할 스타일을 입력합니다. 예) Rock을 입력하면 만들어지는 음악에서 Rock 스타일은 제외 됩니다. |
| ⑦ ⑧ Personar | 내가 만든 페르소나(보컬 스타일)을 지정할 수 있습니다. 동일한 목소리로 노래를 만들 수 있습니다. |
| ⑨ Title | 제목을 입력합니다. |
| ⑩ Workspace | 만든 음악을 표시 합니다. |

Suno에서 음악을 만들때 가사(Lyrics)는 매우 중요한 역할을 합니다. 가사에 맞춰서 리듬을 만들기 때문입니다. 음악 장르와 템포에 잘 맞는 가사를 만드는 것이 매우 중요한 포인트입니다. 만든 음악이 마음에 안드는 경우, 대부분 가사가 장르에 안맞는 경우가 많았습니다. 가사를 계속 수정하면서 음악을 만들어 보세요.

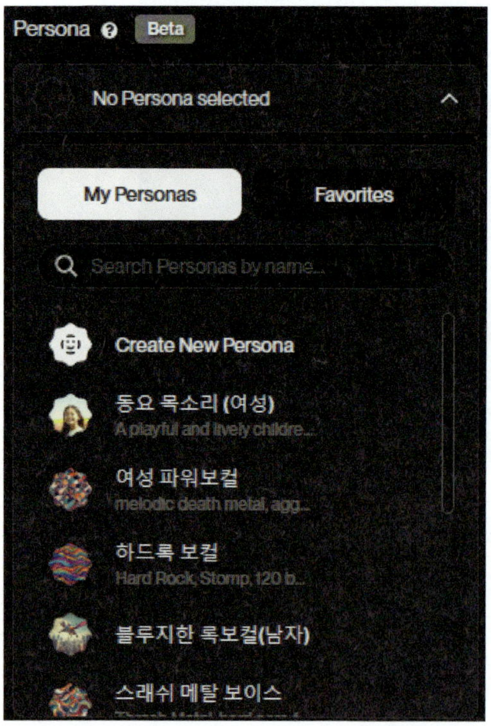


Personar 선택 화면입니다.

Suno는 만들때마다 음악이 다르고, 보컬의 목소리도 다릅니다. Personar 기능은 보컬의 목소리를 내가 원하는 목소리로 지정할 수 있는 기능입니다.

만든 음악 중에서 내가 좋아하는 목소리를 Personar로 저장할 수 있습니다. 또한 다른 사람이 만든 음악에서도 Persona가 공개되어 있다면 사용할 수 있습니다. (Favorites)

## 8.7.6 추가 기능

길이 연장, 리마스터, 커버, 리플레이스, Crop 등 다양한 기능을 지원합니다.

음악의 우측에 따로 나와있는 Extend 버튼으로 음악을 연장할 수 있으며, 최대 2분까지 연장이 가능하며 계속 연장할 수 있습니다. 그런데 Extend 기능은 음악이 중간에 끊겼을 때 사용하는 기능입니다. 연장된 음악은 원본과 합칠 수 있습니다.

### i. Create & 기타

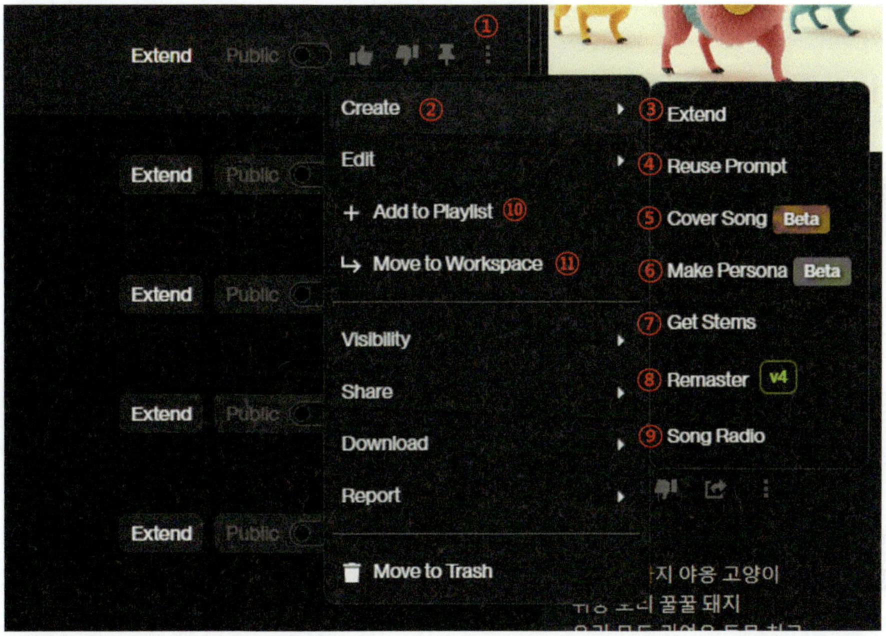


| 번호 | 설명 |
|---|---|
| ① 추가 기능 보기 | 음악 리스트 맨 우측의 점3개를 누르면 추가 기능이 나옵니다. |
| ② Create | 기존에 만든 음악을 새롭게 만드는 기능입니다. |
| ③ Extend | 중간에 끊어진 음악을 연장합니다. (한번에 최대 2분) |
| ④ Reuse Prompt | 만든 음악의 프롬프트를 재 사용할 수 있게 해줍니다. |
| ⑤ Cover Song (Beta) | 만든 노래를 약간 다르게 커버해주는 기능입니다.<br>보컬의 발음을 교정하는 버전을 만들 수 있습니다.<br>가사를 변결할 수 없습니다. |

| 번호 | 설명 |
|---|---|
| ⑥ Make Personar | 현재 선택한 음악의 보컬 스타일을 페르소나로 만듭니다 |
| ⑦ Get Stem | 음악을 연주와 보이스 부분으로 나눠줍니다.<br>연주 부분은 매끄럽지는 않지만 보컬 부분만 분리하는 것은 잘 되는 편입니다. |
| ⑧ Remaster | 하위버전을 상위버전으로 리마스터 할 수 있습니다.<br>예) v3으로 만든 음악을 v4로 리마스터 할 수 있습니다. |
| ⑨ Song Radio | 해당 음악을 인터넷 라디오로 청취할 수 있습니다. |
| ⑩ + Add to Playlist | 해당 음악을 플레이리스트에 추가합니다. |
| ⑪ Move to Workspace | 해당 음악을 다른 워크스페이스로 이동합니다. |

## ii. Edit: 만든 음악을 수정하는 기능입니다.

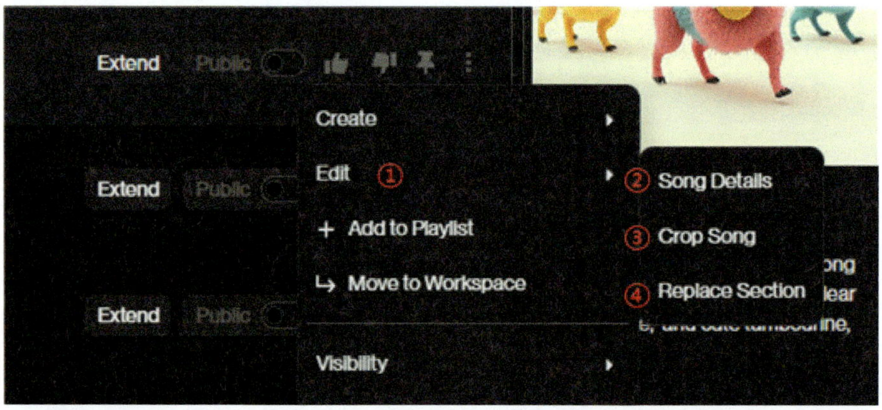


| 번호 | 설명 |
|---|---|
| ① Edit | 해당 음악을 수정합니다. |
| ② Song Detail | 제목, 썸네일 이미지, 디스플레이 가사를 수정할 수 있습니다 |
| ③ Song Crop | 원하는 영역을 잘라서 저장할 수 있습니다. |
| ④ Replace Section | 해당 음악의 특정한 부분을 선택하여 가사를 수정하고 대체할 수 있습니다. |

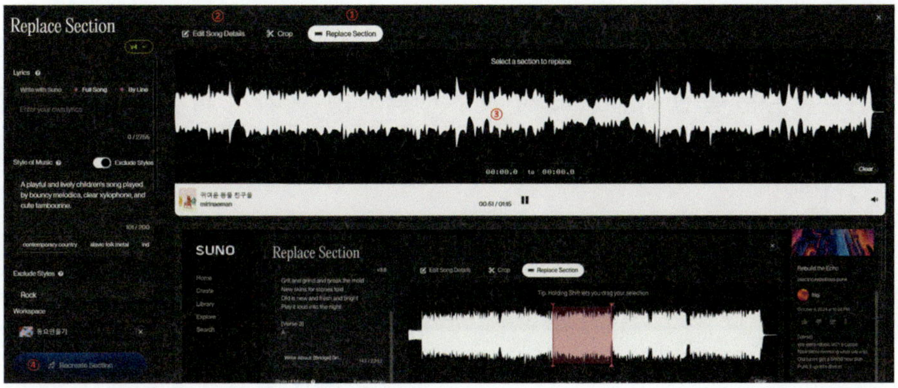


Replace Section의 화면입니다. 가사 수정을 원하는 영역을 지정해서 수정 후 대체 할 수 있습니다. 한번에 완벽하게 수정되지 않습니다. 여러번에 걸쳐 수정사항을 확인하는 것이 중요합니다.

## iii. Download : 음악을 내컴퓨터에 저장하는 항목입니다.

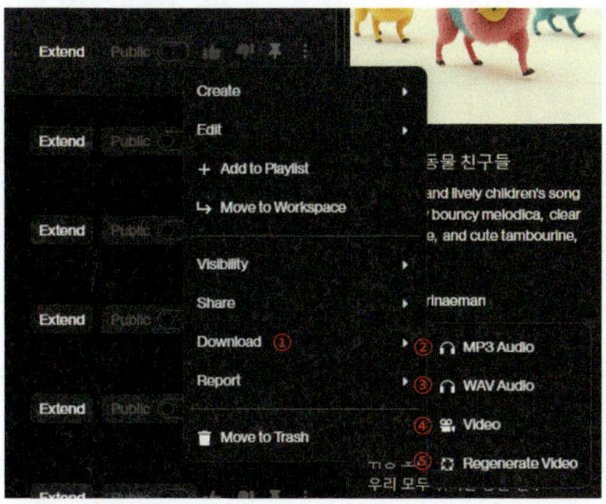


| 번호 | 설명 |
|---|---|
| ① Download | 만든 음악을 컴퓨터에 저장하는 항목입니다. |
| ② MP3 Audio | 만든 음악을 mp3로 저장합니다. 작은 용량으로 음악을 감상할 수 있습니다. |
| ③ Wav Audio | CD음질과 유사하며, 세세한 음향 디테일까지 담아냅니다. |
| ④ Video | Suno에서 자체적으로 뮤직비디오를 만들어서 다운로드 할 수 있습니다. (음악과 가사가 나오는 정도 수준) |
| ⑤ Regenerate Video | 뮤직비디오를 다시 만들어 주는 기능입니다. |

## 8.7.7 MP3와 WAV 파일 비교

MP3와 WAV 파일은 음원 다운로드 시 자주 선택되는 두 가지 파일 형식으로, 각각의 장단점이 있습니다. 이 둘의 차이를 이해하면 용도에 맞는 적합한 파일 형식을 선택하는 데 도움이 됩니다.

| 항목 | WAV 파일 | MP3 파일 |
|---|---|---|
| 음질 | CD 수준의 무손실 음질로, 원본 데이터를 그대로 보존함 | 손실 압축 방식으로, 인간이 듣기 어려운 부분을 제거해 음질 일부 희생 |
| 압축 방식 | 무압축(무손실) 방식 | 손실 압축 방식으로, 불필요한 주파수 대역을 제거 |
| 파일 크기 | 상대적으로 크며 저장 공간 및 전송에 부담이 있음 | 압축률에 따라 훨씬 작아, 저장과 전송에 유리함 |
| 사용 용도 | 전문 음원 제작, 편집, 후처리 등 음질 유지가 중요한 작업 | 일상 감상, 스트리밍, 빠른 파일 전송 및 공유에 적합 |
| 장점 | - 원본 음질 보존<br>- 후처리 및 편집에 유리 | - 효율적인 저장 및 전송<br>- 광범위한 기기 호환성 |
| 단점 | - 파일 용량이 커서 관리 및 전송 시 부담이 큼 | - 압축 과정에서 일부 음질 손실 발생 가능 |

전문적인 후처리 작업 (믹싱, 마스터링 등)을 원하면, WAV 파일로 저장하는 것을 추천 합니다.

### i. Visibility, Share, Report, Move to Trash

| 번호 | 설명 |
|---|---|
| ① Visibility | 만든 음악의 공개 유무 설정 기능 |
| ② Link Only | 전체 공개가 아니고 링크로만 들을 수 있습니다. |
| ③ Public | Suno 사용자는 모두 청취가 가능합니다.(전체공개) |

| 번호 | 설명 |
|---|---|
| ① Share | 외부 공유하는 기능 |
| ② Copy Link | 음악의 링크 주소를 복사해서 외부 공유 가능 |
| ③ Share to... | SNS로 공유할 수 있습니다. 소스 복사를 통해 웹페이지에 삽입할 수 있습니다. |

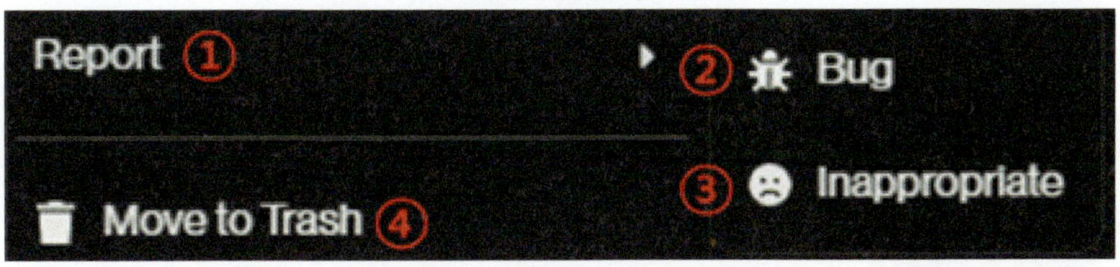


| 번호 | 설명 |
|---|---|
| ① Report | 버그와 부적절한 내용을 신고 합니다. |
| ② Bug | 음악을 만들 때 발생한 버그를 제보 합니다. |
| ③ Inappropriate | 마음에 들지 않거나, 부적절한 결과물일때 의견을 보냅니다 |
| ④ Move to Trash | 마음에 들지 않는 음악을 휴지통으로 보냅니다.<br>Library에서 휴지통 아이콘을 누르면 휴지통으로 보낸 음악 리스트가 나오고, 복구 또는 영원히 삭제할 수 있습니다. |

## 8.7.8 결과물 예시 – '핑키의 무지개 마음' 앨범

생성형 AI 도구를 활용하여 출판된 '핑키의 무지개 마음' 동화책의 내용을 바탕으로 동요를 만들고 앨범으로 출시했습니다. 위의 앨범에는 총 24곡의 동요가 수록되어 있습니다. 음악은 모두 Suno로 만들었으며, 마스터링도 AI 도구를 활용하여 곡을 완성했습니다.

해당 앨범은 동화책 '핑키의 무지개 마음'에서 QR 코드로 접속해서 청취할 수 있습니다.

QR코드를 스캔하면
'핑키의 무지개 마음'
동요 전곡을 들을 수 있습니다.

MEMO

# 5부

# 출판

# 9장

# POD(Print On Demand 출판 과정

1. POD의 개념과 주요 플랫폼 소개
2. 주요 POD 플랫폼 소개
3. POD 플랫폼 선택 시 고려사항
4. POD의 장점과 단점
5. 출판 준비: ISBN 취득과 파일 준비
6. Package file로 확인하기
7. POD 플랫폼 업로드 및 검수

# 9.1 POD의 개념과 주요 플랫폼 소개

9장 POD(Print On Demand) 출판 과정

## 9.1.1 POD의 개념

POD(Print On Demand)는 주문형 인쇄를 뜻하며, 독자가 주문했을 때 필요한 만큼만 책을 인쇄하는 방식입니다. 이는 전통적인 대량 인쇄와 달리, 초기 제작비용을 최소화하고 소량 출판에 유리한 특징을 지닙니다. 특히, 소규모 독자층을 대상으로 하거나 초기 자금이 부족한 창작자들에게 적합한 출판 방식입니다.

### i. POD의 주요 특징

- **소량 인쇄 가능:** 최소 1권부터 제작 가능.
- **저렴한 초기 비용:** 재고를 쌓아둘 필요가 없으므로 비용 부담이 적음.
- **빠른 제작 시간:** 주문 후 바로 인쇄해 출고.
- **유통 채널 통합:** 플랫폼에서 제작, 판매, 배송까지 진행.
- **개인화 가능:** 맞춤형 책 제작이 가능해 독특한 디자인이나 컨셉을 쉽게 반영.

# 9.2 주요 POD 플랫폼 소개

9장 POD(Print On Demand) 출판 과정

POD 플랫폼은 책 제작부터 판매, 유통까지 전 과정을 관리해주는 서비스입니다. 국내외 여러 플랫폼이 제공되며, 목적과 타겟 독자층에 맞는 플랫폼을 선택하는 것이 중요합니다.

## 9.2.1 국내 POD 플랫폼

### i. 교보문고 POD

- **특징:** 국내 최대 서점 네트워크를 통해 판매.
- **서비스 범위:**
  - 양장본 및 무선제본 가능.
  - 다양한 판형 제공 (46배판, 국판, 신국판 등).
- **장점:** 온라인과 오프라인 연동 가능, 초기 비용 없음.
- **단점:** 로열티 비율이 낮을 수 있음.

### ii. YES24 POD

- **특징:** YES24와 연동된 판매 및 유통망.
- **서비스 범위:** POD 제작, ISBN 등록 지원.
- **장점:** 손쉬운 제작 과정, 다양한 제본 옵션.
- **단점:** 플랫폼 내 노출 및 홍보가 제한적.

### iii. 북토리

- **특징:** 독립 출판을 지원하는 POD 전문 플랫폼.
- **서비스 범위:** 책 제작, ISBN 발급, 판매 지원.
- **장점:** 독립 출판 창작자를 위한 맞춤 서비스.
- **단점:** 대형 서점 플랫폼과의 연동이 제한적.

## 9.2.2 해외 POD 플랫폼

### i. Amazon KDP (Kindle Direct Publishing)

- **특징:** 아마존 글로벌 네트워크를 활용한 판매.
- **서비스 범위:**
  - 종이책(Paperback), 전자책(eBook), 하드커버 지원.
  - 글로벌 ISBN 발급 및 유통.
- **장점:** 글로벌 독자층, 높은 로열티 비율(70%까지).
- **단점:** 영어 중심 시장, 배송비가 비쌈.

### ii. IngramSpark

- **특징:** 전 세계 최대 규모의 유통 네트워크와 연결.
- **서비스 범위:**
  - 전자책 및 종이책 제작.
  - 전 세계 유통망 활용.
- **장점:** 다양한 판형과 제본 옵션, 글로벌 유통.
- **단점:** 초기 설정 비용 발생.

### iii. Blurb

- **특징:** 사진집, 동화책 등 비주얼 중심 책 제작에 특화.
- **서비스 범위:** POD 제작, 소프트웨어(BookWright) 제공.
- **장점:** 고품질 사진 및 디자인 중심 제작.
- **단점:** 단가가 다소 높음.

### iv. Lulu

- **특징:** 맞춤형 출판에 강점.
- **서비스 범위:**
  - 종이책, 하드커버, 전자책 제작 가능.
  - ISBN 발급 및 글로벌 유통 지원.
- **장점:** 다양한 형식과 품질 보장.
- **단점:** 배송비가 높고, 일부 국가에서 이용 제한.

## 9.3 POD 플랫폼 선택 시 고려사항

9장 POD(Print On Demand) 출판 과정

①. **목표 독자층**

- 국내 판매 위주인지, 글로벌 독자층을 목표로 하는지에 따라 플랫폼 선택.
- **예:** 국내 독자는 교보문고 POD, 글로벌 독자는 Amazon KDP.

②. **제작 옵션**

- 판형, 제본, 용지 선택의 다양성.
- 동화책의 경우 양장본 옵션이 제공되는 플랫폼이 유리.

③. 수익 구조

- 로열티 비율, 제작비용, 유통 수수료 등 상세 조건을 검토.
- **예:** Amazon KDP는 전자책 로열티가 70%까지 가능.

④. **제작 품질**

- 인쇄 품질, 색감 재현, 제본 완성도를 비교.

⑤. **유통 네트워크**

- 판매 채널과 연동 여부.
- **예:** 교보문고 POD는 교보문고 서점과 연동, Amazon KDP는 글로벌 유통망과 연결.

⑥. **사용 편의성**

- 플랫폼의 인터페이스와 서비스 지원 수준.

# 9.4 POD의 장점과 단점

9장 POD(Print On Demand) 출판 과정

- **장점:**
  - 낮은 초기 비용.
  - 재고 부담 없음.
  - 빠른 제작과 유통.
  - 소규모 독자층에도 적합.
- **단점:**
  - 단권 제작 비용이 높아 이윤이 낮아질 수 있음.
  - 플랫폼별 홍보 및 마케팅의 한계.
  - 특정 플랫폼에 종속될 가능성.

POD는 현대 출판의 새로운 패러다임으로, 창작자들에게 효율적이고 접근 가능한 출판 기회를 제공합니다. 적절한 플랫폼 선택과 전략적 활용을 통해 창작자는 자신의 작품을 더 넓은 독자층에게 전달할 수 있습니다. 특히 동화책처럼 시각적 요소가 중요한 작품은 품질 높은 제작 옵션과 강력한 유통망을 제공하는 플랫폼을 선택하는 것이 중요합니다.

# 9.5 출판 준비: ISBN 취득과 파일 준비

9장 POD(Print On Demand) 출판 과정

## 9.5.1 ISBN 발급

POD 출판 과정에서 ISBN 취득과 파일 준비는 필수적인 단계입니다. 이 두 과정은 책의 공식적인 출판 등록과 인쇄 품질을 보장하는 데 중요한 역할을 합니다.

①. **ISBN 취득:** ISBN(International Standard Book Number)은 책의 고유 식별 번호로, 출판물의 유통과 판매에 필수적인 요소입니다.

②. **ISBN이 필요한 이유**

- **유통 및 판매 필수 요건:** 서점, 도서관, 유통사에서 책을 관리하고 유통하기 위해 ISBN 필요.
- **책의 고유 식별:** 동일 제목이라도 판형, 언어, 형식(eBook, Hardcover 등)에 따라 각각 다른 ISBN을 발급받음.

③. **국제적 표준화:** ISBN은 전 세계적으로 사용되며, 출판물 데이터베이스에 등록되어 검색 가능.

## 9.5.2 ISBN 발급 절차

①. **ISBN 발급 기관 확인:**
- 각 국가마다 ISBN 발급 기관이 다름.
- **대한민국:** 한국ISBN센터 (국립중앙도서관 산하)
- **해외:** Bowker (미국), Nielsen (영국)

②. **ISBN 발급 신청 절차 (한국 기준):**
- **회원 가입:** 한국ISBN센터 홈페이지에서 회원으로 등록.
- **출판사 등록:** 개인 출판사의 경우, 출판사 이름과 사업자등록증 제출.
- **ISBN 신청:** 발행하려는 책의 정보를 입력하여 ISBN 발급 요청

**필수 정보**

- 책 제목
- 저자명
- 출판 형태(종이책, eBook 등)
- 페이지 수 및 판형

③. **발급 완료:** 신청 후 몇 시간 내에 ISBN이 부여되며, 확인 이메일 발송.

④. **ISBN 발급 비용:**
- **한국:** 무료.
- 일부 해외 국가에서는 유료.

※ 개인의 경우 ISBN 발급이 되지 않기 때문에 POD출판시 출판사에서 발급을 대행하여줍니다. 비용은 무료입니다.

## 9.5.3 ISBN 발급 시 주의사항

- **판형별 ISBN 구분:** 같은 내용이라도 양장본, 무선제본, eBook 등은 별도 ISBN 필요.
- **국제 ISBN 표준 준수:** 부여받은 ISBN은 반드시 책 표지와 판권 페이지에 명시해야 함.

# 9.6 Package file로 확인하기

9장 POD(Print On Demand) 출판 과정

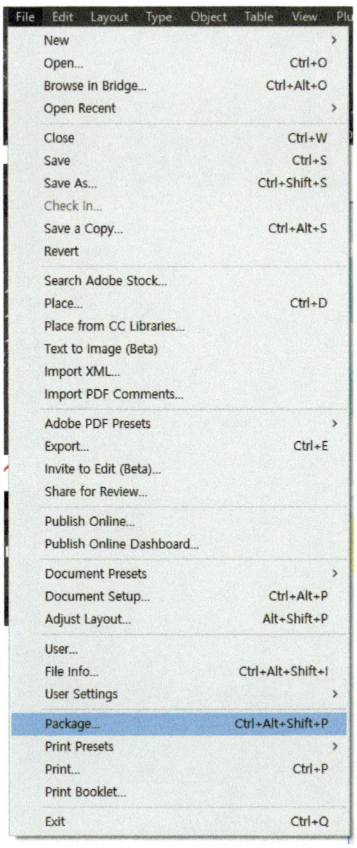


①. 파일→package file선택

- RGB 컬러도 되어있는 파일이 표시가 됩니다. 페이지수도 알려주기 때문에 각 이미지를 CMYK로 변경해주시면 됩니다.

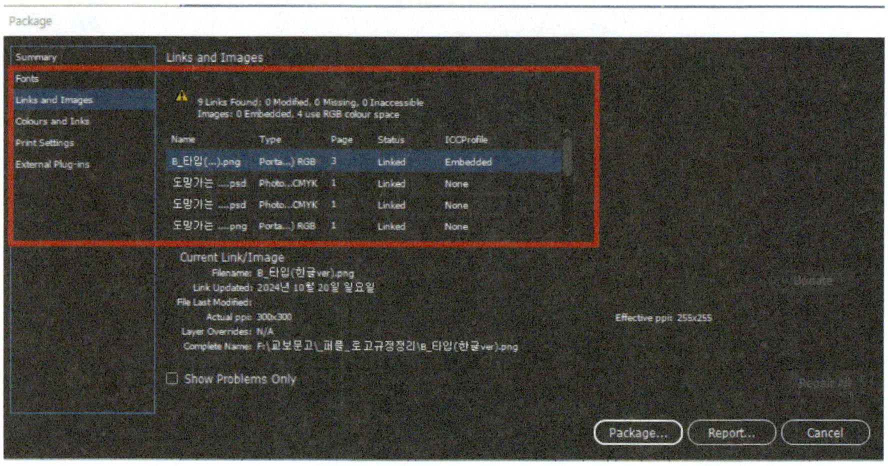

# 9.7 POD 플랫폼 업로드 및 검수

9장 POD(Print On Demand) 출판 과정

교보문고 POD등록을 예시로 보여드리겠습니다.

책 등록을 위해 내지 pdf, 표지 pdf, 책 앞면 jpg이미지, 책 소개글, 저자소개글이 필요합니다.

## 9.7.1 책 앞면 jpg 파일 만드는 법

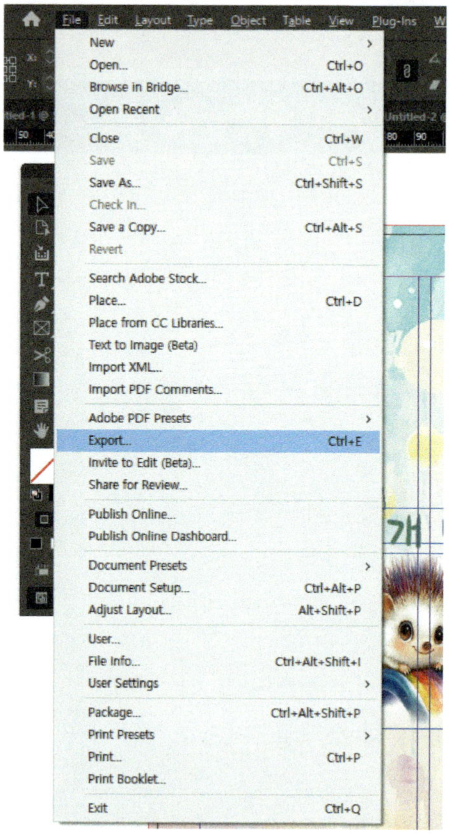


①. 파일→export를 선택합니다.

②. 파일명을 정하고

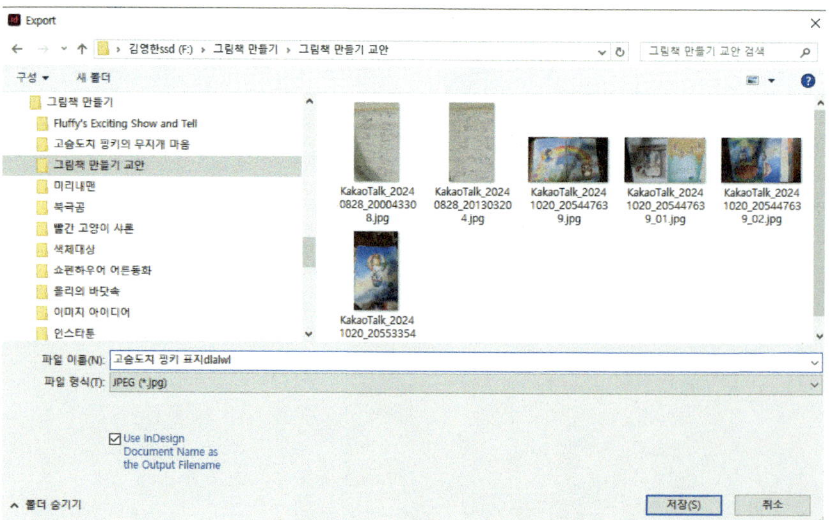

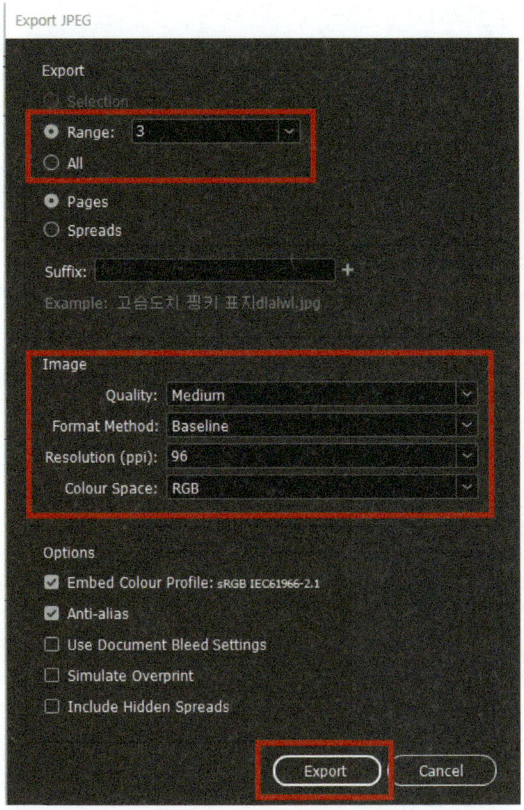


③. 컬러모드와 ppi를 설정하고 export를 누릅니다.

④. 웹상에서만 사용할 예정이면 ppi96, RGB를 선택하고 3번째 페이지가 표지이니 3번째 페이지만 선택하면 JPG 파일이 생성이 됩니다.

## 9.7.2 교보문고 POD 개인회원 회원가입

①. 표시한 순서대로 클릭합니다.

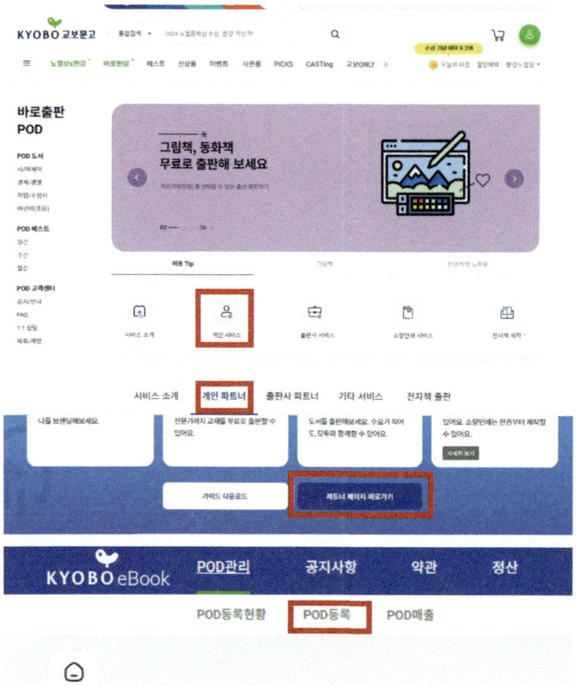


②. 가격책정 미리보기를 선택하면 예상 책등 사이즈도 알려줍니다.

진행상태 : 승인(판매중)

| 카테고리 | 유아(0~7세) > 유아그림책 |
|---|---|
| 책제목 | 코코의 그린 어드벤처 |
| 부제(선택) | |
| 저자명 | 글·음악 김 준호 \| 그림 사랑라임맘 |
| 출판사 | 퍼플 |
| 출판일자 | 20241010 |
| 책 사이즈 | B5 46배판(188x254) |
| 컬러 | 컬러 |
| 판매유형 | 판매용 |
| 성인용 콘텐츠 | 없음 |
| 표지 재질 | 아트지 250g |
| 표지 코팅방법 | 무광 |
| 내지 재질 | 백색모조 150g |
| 페이지 수 | 52 |
| 제본방식 | 무선 |
| 미리보기 동의여부 | 미동의 |
| 판매가 | 13,400 |

③. 무선제본의 경우 표지 아트지 250g, 무광, 내지 백색모조 150g

진행상태 : 승인(판매중)

| 카테고리 | 유아(0~7세) > 유아그림책 |
|---|---|
| 책제목 | 코코의 그린 어드벤처 [양장] |
| 부제(선택) | |
| 저자명 | 글·음악 김 준호 \| 그림 사랑라임맘 |
| 출판사 | 퍼플 |
| 출판일자 | 20241010 |
| 책 사이즈 | B5 46배판(188x254) |
| 컬러 | 컬러 |
| 판매유형 | 판매용 |
| 성인용 콘텐츠 | 없음 |
| 표지 재질 | 아트지 150g |
| 표지 코팅방법 | 무광 |
| 내지 재질 | 백색모조 150g |
| 페이지 수 | 52 |
| 제본방식 | 양장 |
| 미리보기 동의여부 | 미동의 |
| 판매가 | 28,400 |

④. 양장본의 경우 표지 아트지 150g, 무광, 내지 백색모조 150g을 선택합니다.

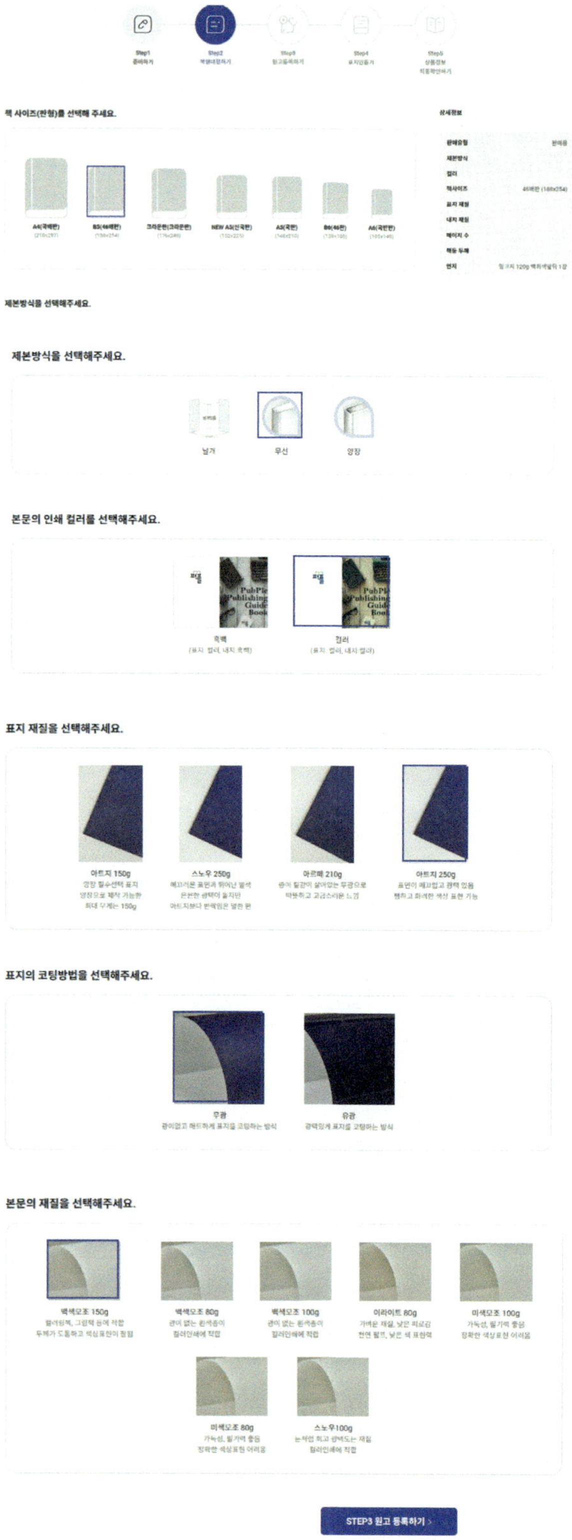


⑤. 책 제목, 저자, 카테고리, 성인용 콘텐츠가 포함되어 있는지 체크, 총페이지수, 판권정보 입력했는지 여부, 미리보기 서비스 체크, 준비한 내지 pdf파일을 선택합니다. 다음 스텝에서 직접만든 표지 등록을 선택한 후 표지 pdf 파일을 업로드합니다.

⑥. 이제 앞표지 JPG 파일을 업로드 합니다.

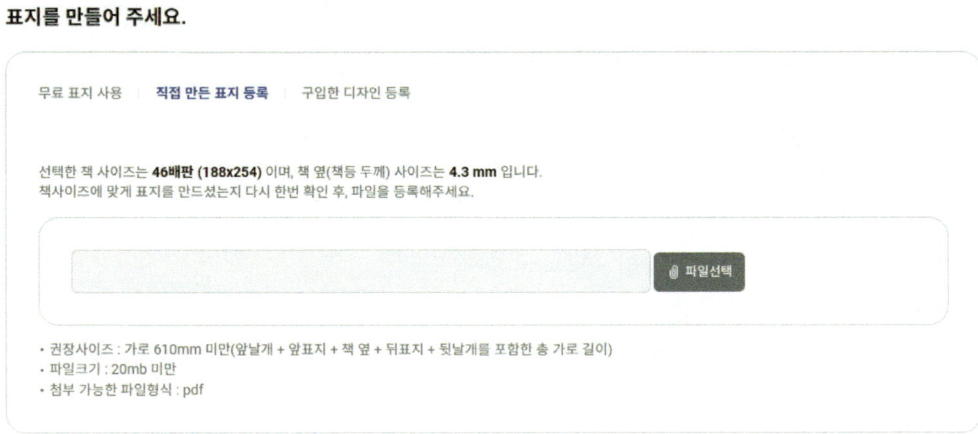


최종 단계에서 제대로 선택했는지 다시한번 확인하고 책 소개글, 저자소개글을 넣고 등록을 누르면 완료가 됩니다.

검수는 통상 1~2일정도 소요가 되고 검수가 완료가 되면 판매가 시작이 됩니다.

혹시라도 잘못된 부분이 있으면 수정하라고 메시지가 옵니다.

## 무료 서체 리소스

동화책 제작 시 적절한 서체 선택은 매우 중요합니다. 다음은 품질 좋은 무료 서체를 제공하는 주요 사이트들입니다.

### i. 국내 무료 서체 사이트

①. **네이버 한글한글아름답게 (https://hangeul.naver.com/2017/nanum)**
   - **특징:** 다양한 나눔 글꼴 제공
   - **장점:** 한글에 최적화된 디자인, 가독성 좋음

②. **눈누 (https://noonnu.cc/)**
   - **특징:** 다양한 한글 폰트 모음
   - **장점:** 카테고리별 검색 기능, 미리보기 제공

③. **공유마당 (https://gongu.copyright.or.kr/gongu/main/main.do)**
- **특징:** 공공기관 및 기업에서 제공하는 폰트 포함
- **장점:** 저작권 걱정 없이 사용 가능

## ii. 해외 무료 서체 사이트

④. Google Fonts (https://fonts.google.com/)
- **특징:** 웹 폰트 및 다운로드 가능한 폰트 제공
- **장점:** 다양한 언어 지원, 쉬운 사용법

⑤. DaFont (https://www.dafont.com/)
- **특징:** 다양한 스타일의 폰트 제공
- **장점:** 카테고리별 분류, 개성 있는 폰트 다수

⑥. Font Squirrel (https://www.fontsquirrel.com/)
- **특징:** 상업적 사용 가능한 고품질 무료 폰트
- **장점:** 웹폰트 생성기 제공

**주의사항**

①. 라이선스 확인: 모든 폰트의 사용 조건을 꼭 확인하세요.
②. 상업적 사용: 특히 판매용 도서 제작 시 상업적 사용 가능 여부를 반드시 체크하세요.
③. 폰트 품질: 해상도가 높은 고품질 폰트를 선택하세요.
④. 가독성: 특히 동화책의 경우, 어린이가 읽기 쉬운 폰트를 선택하는 것이 중요합니다.

## 무료 이미지 리소스 및 인사이트 사이트

동화책 제작 시 참고할 수 있는 이미지 자료와 인스피레이션을 얻을 수 있는 사이트들을 소개합니다.

## i. 무료 이미지 사이트

①. Unsplash (https://unsplash.com/)
- **특징:** 고품질의 무료 스톡 사진
- **장점:** 상업적 사용 가능, 다양한 주제

②. Pixabay (https://pixabay.com/)
- **특징:** 사진, 일러스트레이션, 벡터 그래픽 제공
- **장점:** 저작권 걱정 없는 무료 사용

③. Freepik (https://www.freepik.com/)
- **특징:** 벡터, 사진, PSD 파일 제공
- **장점:** 일부 무료, 다양한 그래픽 리소스

④. Pexels (https://www.pexels.com/)
- **특징:** 고품질 무료 사진 및 비디오
- **장점:** 쉬운 검색, 다양한 해상도 옵션

⑤. StorySet (https://storyset.com/)
- **특징:** 커스터마이즈 가능한 일러스트레이션
- **장점:** 동화책 스타일에 적합한 이미지 다수

## ii. 이미지 인사이트 및 인스피레이션 사이트

⑥. Pinterest (https://www.pinterest.com/)
- **특징:** 다양한 이미지 핀보드
- **장점:** 관심사별 이미지 큐레이션, 아이디어 발견

⑦. Behance (https://www.behance.net/)
- **특징:** 전문 크리에이티브 작품 쇼케이스
- **장점:** 고품질 포트폴리오, 다양한 스타일 참고

⑧. Dribbble (https://dribbble.com/)
- **특징:** 디자이너 커뮤니티 플랫폼
- **장점:** 최신 디자인 트렌드, 독특한 스타일 발견

⑨. DeviantArt (https://www.deviantart.com/)
- **특징:** 다양한 아티스트의 작품 공유 플랫폼
- **장점:** 폭넓은 예술 스타일, 일러스트레이션 아이디어

⑩. ArtStation (https://www.artstation.com/)

- **특징:** 게임, 영화, 미디어 아트 포트폴리오
- **장점:** 고품질 컨셉 아트, 캐릭터 디자인 참고

### 주의사항

- 라이선스 확인: 모든 이미지의 사용 조건을 반드시 확인하세요.
- 출처 표기: 필요한 경우 이미지 출처를 명확히 표기하세요.
- 변형 및 편집: 원본 이미지 변형 시 해당 라이선스가 허용하는지 확인하세요.
- 상업적 사용: 판매용 도서에 사용 시 상업적 사용 가능 여부를 꼭 체크하세요.

### AI 활용 팁

- AI에게 특정 스타일이나 주제의 이미지 레퍼런스를 요청할 수 있습니다.
- 예: "수채화 스타일의 동화 일러스트레이션 트렌드를 보여주는 이미지를 찾아주세요."

이러한 사이트들을 활용하면 다양한 스타일과 아이디어를 접할 수 있어 창의적인 동화책 제작에 도움이 될 것입니다. 단, 항상 저작권을 존중하고 적절한 사용 방침을 따르는 것이 중요합니다.

## 책을 이루는 주요 요소 설명

책은 여러 요소로 구성되어 있으며, 각 부분은 고유한 역할을 합니다. 동화책 제작 시 이러한 요소들을 이해하는 것은 전문적인 결과물을 만드는 데 큰 도움이 됩니다.

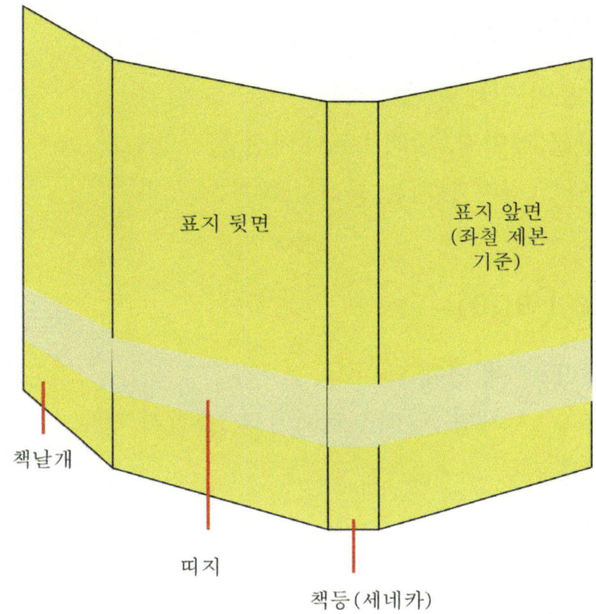


**<겉으로 보는 책의 구성>**

## i. 표지 (Cover)

- **앞표지 (Front Cover):** 책의 얼굴. 제목, 저자명, 일러스트레이션이 포함됨
- **뒤표지 (Back Cover):** 책의 간단한 소개, 작가 소개, ISBN, 바코드 등이 위치
- **기능:** 책을 보호하고 독자의 관심을 끌며 기본 정보 제공

## ii. 책등 (Spine)-세네카

- **위치:** 책의 옆면, 앞표지와 뒤표지를 연결
- **포함 정보:** 제목, 저자명, 출판사 로고 등
- **기능:** 책꽂이에 꽂혀 있을 때 식별 가능하게 함

## iii. 면지 (Endpaper)

- **위치:** 표지와 내지 사이에 있는 페이지
- **종류:** 앞면지, 뒷면지
- **기능:** 표지와 내지를 연결하고 장식적 요소 제공

## iv. 내지 (Text Block)

- **정의**: 책의 주요 내용이 인쇄된 페이지들
- **구성**: 본문, 챕터 구분 페이지, 일러스트레이션 등
- **기능**: 실제 이야기와 그림이 담기는 공간

## v. 속표지 (Title Page)

- **위치**: 보통 첫 번째 또는 세 번째 페이지
- **포함 정보**: 제목, 부제, 저자명, 일러스트레이터, 출판사 정보
- **기능**: 책의 상세 정보 제공

## vi. 판권지 (Copyright Page)

- **위치**: 주로 속표지 뒷면
- **포함 정보**: 저작권 정보, 출판 연도, ISBN, 인쇄 정보 등
- **기능**: 법적, 서지학적 정보 제공

## vii. 헤더와 푸터 (Header and Footer)

- **헤더**: 페이지 상단에 위치, 주로 책 제목이나 챕터명 표시
- **푸터**: 페이지 하단에 위치, 주로 페이지 번호 표시
- **기능**: 독자의 책 내 위치 파악 도움

## viii. 책날개 (Flap)

- **위치**: 하드커버 책의 표지를 감싸는 종이 부분
- **포함 정보**: 책 소개, 저자 소개 등
- **기능**: 추가 정보 제공 및 장식적 요소

## ix. 색인 (Index)

- **위치**: 책의 맨 뒷부분
- **기능**: 책의 주요 키워드와 해당 페이지 정보 제공

## x. 띠지 (Belly Band)

- **정의:** 책을 둘러싸는 좁은 종이 띠
- **기능:** 마케팅 문구나 수상 정보 등을 표시, 시각적 주목도 높임

## xi. 반표제지 (Half Title Page)

- **위치:** 책의 맨 앞 페이지, 면지 다음
- **포함 정보:** 책의 제목만 간단히 표시
- **기능:**
  - 책의 시작을 알림
  - 제본 과정에서 내지를 보호
  - 책의 첫인상을 부드럽게 만듦

## xii. 표제지 (Title Page)

- **위치:** · 반표제지 뒤, 보통 책의 첫 번째 오른쪽 페이지
- **포함 정보:**
  - 책의 완전한 제목과 부제
  - 저자명
  - 일러스트레이터명 (있을 경우)
  - 출판사 이름과 로고
  - 출판 연도책의 제목만 간단히 표시
- **기능:**
  - 책의 모든 기본 정보를 한 눈에 제공
  - 책의 공식적인 시작을 알림

### 반표제지와 표제지의 차이

①. 정보량: 반표제지는 제목만, 표제지는 모든 기본 정보 포함
②. 디자인: 반표제지는 단순, 표제지는 보다 장식적이고 상세함
③. 위치: 반표제지가 표제지보다 앞에 위치
④. 목적: 반표제지는 보호와 도입, 표제지는 정보 제공이 주 목적

### 동화책에서의 활용

동화책에서 이 페이지들은 종종 창의적으로 활용됩니다:

- 반표제지에 작은 일러스트레이션 추가
- 표제지를 이야기의 첫 장면으로 활용
- 두 페이지에 걸쳐 하나의 큰 그림 배치

이러한 요소들은 책의 전문성을 높이고, 독자에게 책의 내용과 분위기를 서서히 소개하는 역할을 합니다. 동화책 제작 시 이 페이지들을 효과적으로 활용하면, 독자의 호기심을 유발하고 책에 대한 기대감을 높일 수 있습니다.

MEMO

# 10장

# AI 콘텐츠 저작권

1. 생성형 AI 저작권 핵심 내용 요약
2. 생성형 AI로 이미지, 동화책, 음악을 만들었을 때의 저작권
3. 추가 고려 사항
4. 맺음말

# 10.1 생성형 AI 저작권 핵심 내용 요약

10장 AI 콘텐츠 저작권

내용은 미국 저작권청에서 2025년 1월 30일 발표한 'Copyright and Artificial Intelligence Part.2 : Copyrightability'Report 내용을 바탕으로 작성되었습니다. 이 보고서는 AI가 생성한 작품의 저작권 인정 여부를 다루며, 첫 번째 보고서(2024년)는 디지털 복제(성대 및 외모 복제)에 대해 논의했습니다.

이 보고서의 주요 주제는 인공지능(AI) 생성물의 저작권 보호 문제, 미국 저작권법의 기존 원칙 적용, 인간의 창작 기여도 중요성, AI 도구 활용 시 저작권 인정 범위, 국제적 동향 및 향후 과제, AI로 만든 음악 저작권부분, AI로 만든 동화책 저작권 부분 예시를 포함합니다.

보고서 원본 다운로드 :

"저작권 보호는 인간 저작자의 창의적인 기여에 기반해야 한다."

"현재 기술 수준에서, AI 시스템에 단순한 프롬프트만으로는 인간이 AI 생성물의 저작자가 되기에 충분하지 않다고 판단합니다"

"프롬프트는 아이디어나 지시사항에 불과하며, 저작권으로 보호받을 수 있는 창의적인 표현으로 인정받기 어렵습니다."

"AI를 도구로 사용하여 창작된 작품에서, 인간 저자가 창작적인 기여를 한 부분은 저작권으로 보호됩니다"

"인간이 AI 생성물을 창의적으로 수정하거나 배열한 경우, 그 수정 및 배열에 대한 저작권 보호가 가능합니다."

- **인간 저작성 원칙:** 미국 저작권법은 '인간 저작성(human authorship)'을 핵심 요건으로 강조합니다. 즉, 저작권 보호는 인간의 창의적 기여에 기반해야 하며, AI가 단독으로 생성한 결과물은 보호 대상이 아닙니다.
- **핵심 개념:** 아이디어와 표현의 구분(idea/expression dichotomy), 창작성 기준(originality standard).
- **AI 도구 활용:** AI를 도구로 활용하여 창작된 작품에서 인간의 창의적인 기여가 있다면 해당 부분은 저작권 보호를 받을 수 있습니다.
- **프롬프트의 한계:** AI 시스템에 입력하는 단순한 프롬프트만으로는 AI 생성물의 저작자가 될 수 없습니다. 프롬프트는 아이디어나 지시사항으로 간주되며, 저작권 보호 대상이 될 만한 독창적인 표현으로 인정받기 어렵습니다.
- **수정 및 배열:** 인간이 AI 생성물을 창의적으로 수정하거나 배열한 경우, 그 수정 및 배열에 대한 저작권 보호가 가능합니다.
- **사례별 분석:** AI 생성물에 대한 저작권은 각 사례별로 분석해야 하며, 인간의 기여도, AI 사용 방법, 최종 결과물의 창의성 수준을 종합적으로 고려해야 합니다.
- **기존 법률 적용:** 미국 저작권 사무소는 현재의 저작권법으로 AI 관련 문제를 해결할 수 있으며, 새로운 법률 제정은 불필요하다는 입장입니다.
- **국제적 동향:** 다른 국가들도 AI 생성물의 저작권 보호에 대해 인간 저작성 원칙을 강조하며, 법률 및 정책을 검토하고 있습니다.

# 10.2 생성형 AI로 이미지, 동화책, 음악을 만들었을 때의 저작권

10장 AI 콘텐츠 저작권

"동화책의 스토리는 저작권 보호 대상입니다"

"가사를 직접 작성한 경우, 해당 가사는 저작권으로 보호됩니다"

"AI가 생성한 그림의 경우, 단순 프롬프트만으로는 저작권을 인정받기 어렵지만, 표현적 입력(직접 그린 그림, 사진 등)을 사용하거나 AI 생성물을 창의적으로 수정 및 배열한 경우에는 저작권 보호가 가능할 수 있습니다"

"음악의 저작권은 AI 사용 방식과 인간의 창작 기여도에 따라 달라집니다."

- **AI와 인간 창작:** 동화책, 음악 등 다양한 창작물에서 AI를 활용할 경우, 스토리/가사 등 인간이 직접 창작한 부분은 저작권 보호를 받습니다. AI 생성 그림/음악의 경우, 단순한 프롬프트만으로는 저작권을 인정받기 어렵지만, 표현적 입력(직접 그린 그림, 사진 등)을 사용하거나 AI 생성물을 창의적으로 수정/배열한 경우에는 저작권 보호가 가능할 수 있습니다.
- **AI 생성물의 수정 및 편집:** AI가 생성한 결과물을 인간이 수정, 편집, 편곡하여 새로운 창작성을 더했다면, 해당 수정 및 편곡 부분은 저작권으로 보호됩니다.
- **프롬프트의 한계:** AI 시스템에 입력하는 프롬프트가 아무리 상세해도, AI 시스템이 이

를 어떻게 해석하고 표현할지는 예측하기 어려우며, 결과적으로 인간의 창작적 통제력이 부족하다고 판단합니다. 단순한 프롬프트는 저작권 보호를 받을 수 없습니다.

- **저작권 보호 범위:** AI를 사용하여 창작된 저작물의 저작권은 인간의 창작적 기여에 한정됩니다. AI가 생성한 부분은 저작권 보호 대상이 아니며, 인간의 기여와 함께 사용되었을 때 전체 저작물의 일부로 보호받을 수 있습니다.
- **미국 저작권 사무소의 AI 저작권 이니셔티브:** AI 기술 발전이 저작권법에 미치는 영향을 분석하고 정책적/법적 대응 방안을 마련하는 것을 목표로 합니다. 저작권 등록 시 AI 생성물 포함 여부 및 인간 저자의 기여도를 명확히 밝히도록 요구하고, 다양한 이해 관계자들의 의견을 수렴하고 있습니다.

# 10.3 추가 고려 사항

10장 AI 콘텐츠 저작권

AI 기술은 빠르게 발전하고 있으므로, 저작권 관련 법률 및 정책도 지속적으로 변화할 수 있습니다.

AI 생성물의 저작권은 개별 사례별로 분석해야 하며, 인간의 기여 정도와 창의성을 종합적으로 판단해야 합니다.

AI를 창작 도구로 활용하되, 인간의 창의적인 기여를 높이는 것이 중요합니다.

# 10.4 맺음말



AI 생성물의 저작권 보호 문제는 매우 복잡하며, 지속적인 논의와 연구가 필요합니다. 미국 저작권 사무소는 기존 저작권법을 최대한 활용하여 인간의 창작성을 보호하고, AI 기술 발전을 저해하지 않도록 균형점을 찾으려 노력하고 있습니다. 앞으로도 기술 발전과 함께 저작권 관련 법률 및 정책 변화를 주목해야 합니다.

## 특별부록 [AID 역량 강화를 위한 필수 생성형 AI 도구 모음]

교재에는 담지 못했던 200여개의 생성형 AI 도구를 소개합니다.

이 도구 모음은 저자가 직접 사용하고 있는 생성형 AI 도구들을 모아놓은 리스트입니다.

각 섹션의 상단에 위치하고 있는 도구들은 매우 유용한 도구들이며, 저자 추천 필수 도구입니다.

padlet 주소: https://padlet.com/heglerkim/ai-2lb86e9tnppznyq4
QR 코드:

AID 역량 강화를 위한

# 생성형 AI 활용 콘텐츠 제작 가이드

1판 1쇄 2025년 3월 10일

저 자 김준호 / 김영희
발행인 송광헌
발행처 도서출판 복두(더)
주 소 서울특별시 영등포구 경인로82길 3-4
센터플러스 807호
(우) 07371
전 화 02-2164-2580
F A X 02-2164-2584
등 록 1993. 11. 22. 제 10-902 호

정가 : 20,000원
ISBN : 979-11-6675-590-3 93000

한국과학기술출판협회 회원사